Friederike Immanuela Popp

Bedrängt und unendlich geborgen

Friederike Immanuela Popp

Bedrängt und unendlich geborgen

Begegnungen mit

Etty Hillesum

VIER TÜRME

Inhalt

Vorwort

Bedrängt und unendlich geborgen – zwei Jahre lang schreibt Etty Hillesum ihr Tagebuch und legt kostbare Spuren ihres inneren Weges der Mensch-Werdung in äußerer Bedrängnis. Siebzig Jahre später, in eigener notvoll erlebter Krisenzeit, schreibe ich – ebenfalls über zwei Jahre hinweg – mein Tagebuch, das eher ein Nachtbuch ist, um der Angst in den Nächten entgegenzutreten. So nenne ich es mein Tage-Nacht-Buch.

Auf intensive, geheimnisvolle Weise sind Etty Hillesum und ich verbunden. Ich entdeckte mich in ihren Erfahrungen und fand ein Stückchen von mir wieder, gerade als ich mich sehr verloren glaubte. In Zeiten, in denen mir mein Lebensmut versickerte, da entdeckte ich in den Tagebucheinträgen von Etty eine unglaubliche innere Freiheit und Stärke.

Heute früh fuhr ich mit dem Fahrrad über die Stadionskade, genoss den weiten Himmel über dem Stadtrand und atmete die frische, nicht rationierte Luft tief ein. Überall in der Gegend standen Tafeln, die die Wege und die gesamte freie Natur für Juden für gesperrt erklärten. Und doch wölbt sich auch über dem einzigen Weg, der uns erlaubt ist, der weite, freie Himmel!

Wie konnte Etty Hillesum die täglichen Grausamkeiten und Bedrohungen erfahren, ohne daran zu zerbrechen oder sich im Hass zu verlieren? Welche inneren Kraftquellen hatte sie schon mitbekommen? Oder geschah es ganz anders? Entdeckte Etty in der Verzweiflung neu, woraus sie lebte? Woraus schöpfte sie diese unglaubliche Widerstandskraft, die wir heute Resilienz nennen?

Ettys sprühender Lebenswille, ihre ungebrochene Hoffnung, Mensch zu bleiben, das trägt ganz weit. Sie lässt sich nicht herausreißen, nicht erniedrigen, nicht entfremden – aus einer tiefer wachsenden Zugehörigkeit heraus zu Gott, der sich zu verbergen scheint und den sie entdeckt inmitten der grausamen Wirklichkeit. Ihr jüdischer Name Esther, als holländischer Rufname Etty, hat eine Bedeutung: Das hebräische Verb »esther« heißt »sich verbergen« und steht für eine der unfassbaren Wesensseiten Gottes, der sich offenbart und verhüllt: »Esther panim«, das abgewandte und somit verborgene Antlitz Gottes, bleibt die unauflösbare Frage der Theodizee: Wo war Gott in der Shoah, als Sein Volk vernichtet wurde?

Von Ettys Heften wurde nur ein Teil gerettet und daraus wiederum nicht alles veröffentlicht. Der erste Titel, unter dem ihre Tagebuchnotizen im Jahr 1983 erschienen, trug den Titel: *Het verstoorde Leven* – Das zerstörte Leben. Die englischsprachigen Ausgaben wurden überschrieben mit *The interrupted life*, Das unterbrochene Leben. Welchen Klang auch immer die Überschriften vermitteln ob zerstört oder unterbrochen, abgebrochen – in allem wohnt die Möglichkeit des Zusammenbringens. Einen Faden aufnehmen, einer Spur nachgehen, Gedanken zu Ende führen bis zur Gestalt des Ganzen.

Das Leben bleibt Fragment. Jedes Leben. So will auch die äußere Gestalt dieses Buches, ausgewählte Notizen, herausgelöste Zeilen, Tagebuchfragmente von Etty Hillesum und meine eigenen, davon sprechen, dass alles bruchstückhaft bleibt und erst auf einer ganz anderen Ebene von Sein und Zeit zusammengefügt wird.

»Erinnern ist das Geheimnis der Erlösung.« Mögen Leserinnen und Leser sich im Erinnern und Lernen einander näherkommen und aus dem Geheimnis des Lebens lernen.

Etty Hillesum: Kaddisch

Mich beschäftigen sehr die tiefen Zusammenhängen von Glauben wagen und Leben lernen. Immer wieder werde ich zurückgeworfen auf die Erfahrungen des jüdischen Volkes. Die Entstehung der Hebräischen Bibel wird mir zu einem großen Erfahrungsfeld. Wie auf einer tiefen Folie im Hintergrund ahne ich ein Verständnis von einzelnen Geschehnissen in meiner Biografie und im Leben von Esther Hillesum. Als Jüdin folgt sie den Spuren ihrer Schicksalsgemeinschaft, wie sich das jüdische Volk selbst nennt. Auch die Entstehung der hebräischen Bibel, der heiligen Schrift des Judentums, bekommt im Exil, in der babylonischen Gefangenschaft eine faszinierende Entwicklung: Der Tempel in Jerusalem ist niedergebrannt, alle geltenden Rituale sind zerstört, die Menschen deportiert, das Glaubensleben erloschen: Da geschieht inmitten der Bedrängnis und Heimatlosigkeit etwas ganz Anderes und Neues. Die Judäer beginnen im Exil, sich der die alten Verheißungen zu erinnern, und sie deuten sie neu. Die Verlorenen sammeln überlieferte Erzählungen und überarbeiten die religiösen Schriften. Die Thora bleibt die unerschöpfliche Quelle die Weisungen Gottes für gelingendes Leben.

Aus diesem Schatz ihrer Heiligen Schrift empfangen glaubende Jüdinnen und Juden die Kraft, um dennoch, um trotzdem in Leid und Angst Ja zum Leben zu sagen.

Darf ich Kaddisch sagen für Esther?

Esther Hillesum wollte leben, schreiben, lieben und sich verschenken. Sie wurde ermordet von deutschen SS-Männern und Lageraufseherinnen, die in ihrem menschenverachtenden Wahn zu Tätern und Handlagern wurden. Die Generation meiner Großeltern steht wie eine dunkle Wand am Rand meiner Lebensgeschichte. Wie viel Dunkles gehört zu mir? Wie lange wird Schuld weitergegeben und wann endet sie? Ist Gottes Erbarmen größer als Hass?

Darf ich beten für Esther Hillesum – heute, siebzig Jahre nach ihrem gewaltsamen Tod, der ihr Leben abgeschnitten hat? Darf ich das als Christin – oder ist Schweigen die einzige erlaubte Haltung? Wenn aber niemand in Auschwitz-Birkenau Kaddisch sprechen konnte, weil niemand aus ihrer Verwandtschaft überlebte – darf ich, auch wenn aus Scham mir die Stimme versagt? Ich will leben wie Etty, ich gehe ihren Spuren nach und kann mich nicht entziehen. Mitfühlend will ich gedenken lernen von den jüdischen Frauen und Männern, ich will horchen auf das tiefe Wissen, wie Leben weitergetragen wird in »Wortherbergen«. Das Kaddisch, das jüdische Gebet zu Ehren der Toten, birgt einen Raum für das vergangene und das zukünftige Leben. Jedes Wort des Aramäischen ist durchgetragen, durchgebetet und durchgeweint seit Hunderten von Jahren. Ich habe keine anderen Worte und werde mich einfinden in den Raum einer Sprache, die nicht meine ist. Aramäisch klingt in meinen Ohren kehlig und sehr weich zugleich. Wenn ich im jüdischen Gottesdienst zu Gast bin, dann wird das Kaddisch viel zu schnell für meine Zunge gebetet, so kann ich nicht mitsprechen. Diese heilige alte Gebetssprache klingt und springt für meine Ohren wie ein wilder Bach über Stromschnellen.

Ein syrischer Christ, mit dem ich im Krankenhaus als Kollegin zusammenarbeitete, sprach daheim mit Frau und Kindern diese Sprache. Er war stolz auf seine Sprache, die Muttersprache Jesu, und lehrte sie seine Kinder.

Ich versuche das Kaddisch zu sprechen, der rhythmische Wortklang ist mir fremd und nah zugleich. Behutsam höre ich tiefer und hindurch, ob der Klang der Sprache das Geheimnis enthüllt. Es begegnet mir manchmal, wenn ich zu Gast bin in einem Schabbatgottesdienst – und die wiederholte Aufforderung im Gebet erreicht auch mich. Dreimal werden wir aufgerufen: »Darauf sprecht!« Und alle antworten: »Amen!«

Amen ist gültig, macht mich fest in der Wahrheit, die auch in der hebräischen Wortwurzel wohnt: Amen ist verbunden mit emet und emuna. Emet ist die Wahrheit und Emuna die Treue, wir dürfen nicht auseinanderreißen, was zusammengehört. Amen, das ist gewisslich wahr!

Das Kaddisch ist kein trauriges Gebet, sondern ein großer, tiefer Lobgesang. Es entstammt der Tempelliturgie, so auch der Name: ein Lied der Heiligung, ein heiliger Gesang. Als Abschlussgebet nach einem rabbinischen Vortrag galt es der Ehre Gottes, wenn es für den lehrenden Rabbiner gesprochen wurde. Seit dem Mittelalter wird es als Trauergebet rezitiert und verbunden mit einer wichtigen Weisung zu den Trauerritualen im jüdischen Leben: Ein Jahr lang spricht es der nächste Angehörige für seinen Verstorbenen. In den Schabbat-Gottesdiensten und Gebetszeiten wird der Trauernde aufgerufen, laut Kaddisch zu sprechen – mit der und für die ganze Gemeinde. Er ist nicht allein. Es ist Pflicht und Schutz für den Sohn, den Ehemann, den Enkel.

Liberale Gemeinden übergeben auch Frauen diesen Auftrag des Gedenkens. Für gläubige Juden, die im Sterben liegen, wird diese religiöse Pflicht zum Trost und Hoffnung: Die Kinder werden Kaddisch sprechen, so werden sie weiterleben in ihrem Gedenken und Gebeten. In der Shoah war es den verfolgten und vom Tode bedrohten Jüdinnen und Juden ein entsetzlicher Gedanke, dass ihr Name nicht aufgeschrieben und genannt werden würde, dass niemand Kaddisch für sie sprechen könne, wenn ihr Leben sich auflösen würde in Asche und Rauch.

Die unermüdliche Arbeit der Gedenkstätten, vor allem die Archive von YadvaShem, dienen dem Leben durch Erinnerung: Den Toten wird die Würde und Identität zurückgegeben, ihre Namen werden genannt, gesprochen, geschrieben und erinnert. Und Menschen, die sich verbunden und verpflichtet fühlen, auch wenn sie nicht unmittelbar verwandt sind, sagen Kaddisch. So wird das alte Gebet zur Brücke zu denen, die aufgehoben sind im Bündel des Lebens.

Mir kommen Gespräche mit Rabinnerinnen und Rabbinern in den Sinn, ich taste mich hinüber mit meinen Fragen.

Kaddisch sagen ist heilige Pflicht, verstehe ich, und wenn es niemand tut, wird der Toten nicht gedacht. Kaddisch darf ich sagen im Rahmen einer Gedenkveranstaltung, in einem Gottesdienst. Kaddisch gehört niemandem als Gott allein, denn es ist ein großer Lobgesang auf den Ewigen, gepriesen ist Sein Name.

Es gibt mehrere Bücher, deren Ende ich auswendig kenne und deren letzte Sätze mich jedes Mal zum Weinen bringen. Jugendbücher, Romane mit traurigem Ende und solche, die erzählen: Alles ist gut.

Dennoch weine ich und weiß nicht wirklich, warum.

Eines dieser oft gelesenen Bücher ist der authentische Roman von Lothar Schöne mit dem Titel: *Das jüdische Begräbnis.* Als die Mutter von Lothar Schöne stirbt, hinterlässt sie testamentarisch den Wunsch, neben ihrem christlichen Mann, also in christlicher Erde, begraben zu werden. Sie war Jüdin, Überlebende der Shoah, psychisch schwerstkrank und gezeichnet für ihr Leben.

Der Sohn und sein Vetter Fred aus Israel ringen um ein würdiges Begräbnis und tauchen noch einmal ein in die schrecklichen Erfahrungen der Verfolgungszeit. Am Grab steht der Sohn Lothar, der sich deutlich von religiösen Traditionen distanziert hatte. Der evangelische Pfarrer wählt respektvoll Worte aus der Hebräischen Bibel. *»Hörst du, Mama?«,* fragt der Sohn leise. Und wieder muss ich weinen. Der Roman endet mit diesen Sätzen:

»Fred tritt ans offene Grab und spricht das Kaddisch auf hebräisch. Als er fertig ist, mache ich plötzlich einen zaghaften Schritt nach vorn, und als ich mich sprechen höre, da ist es ein Flüstern: »Erhoben und geheiligt werde sein großer Name in der Welt, die einst erneuert wird. Er belebt die Toten und führt sie zu ewigem Leben empor ...«

Wieder weint es in mir aus der Tiefe, und jetzt erkenne ich das verborgene, alte Gefühl: Ich bin nach Hause gekommen, endlich nach Hause!

Verherrlicht und geheiligt werde Gottes großer Name

In der Welt, die Gott nach eig'nem Ratschluss schuf.
Gottes Reich erstehe in eurem Leben und zu euren Zeiten
Und im Leben ganz Israels schnell und bald.
Darauf sprecht: Amen.

Gottes großer Name sei gepriesen,
immerzu und bis in Ewigkeit!

Gottes Name sei gepriesen und gelobt,
Gottes Name sei verherrlicht und erhoben.
Gottes Name sei verehrt und gerühmt,
Gottes Name sei gefeiert und besungen.
Gepriesen sei er über allem Lob und jedem Lied,
hoch über allem Preis und jedem Trost der Welt.
Darauf sprecht: Amen.

Frieden in Fülle komme vom Himmel,
Leben für uns und ganz Israel.
Darauf sprecht: Amen.

Gott schafft Frieden in der Höhe.
Möge Gott uns und ganz Israel Frieden geben.
Darauf sprecht: Amen.

DAS KADDISCH AUS DEM JÜDISCHEN GEBETBUCH
RABBINER JONATHAN MAGONET/ANNETTE BÖCKLER

1

Schreiben, um zu verstehen

Samstag, 9. März 1941

An das Werk nun endlich! Dies ist für mich ein fast unüberwindlicher Augenblick, mein befangenes Innenleben auf unschuldigem Linienpapier preiszugeben. Meine Gedanken sind oft ganz hell und die Gefühle sehr tief, das Aufschreiben jedoch will noch nicht gelingen. Vielleicht ist mir da etwas peinlich?

Samstag, abends 8 Uhr

Ich muss unbedingt mit dem Schreiben in Kontakt bleiben, genauer gesagt: mit mir selbst, denn sonst läuft etwas schief. Jeden Augenblick kann ich mich verirren, verlieren. So jedenfalls fühlt es sich gerade an. Oder ist das die Übermüdung?

Montag, morgen, 20. Oktober

Manchmal habe ich Lust, mit allem, was in mir steckt, in Worte zu fliehen. Einen Unterstand bauen aus wenigen Worten für mein Inneres. Jedoch gibt es die Worte noch nicht, die mich aufnehmen wollen. Genau das ist es: Ich bin auf der Suche nach einer Unterkunft für mich selbst. Das Haus aber, in das ich einziehen möchte, werde ich selbst erst bauen müssen, mit Herzblut errichten, Stein auf Stein. So suchen alle nach einem Haus, einer Zuflucht für sich selbst. Und ich suche immer nur nach ein paar Worten.

September 1942

Das eine ist mir jetzt ganz klar: Nie werde ich etwas so aufschreiben können, wie es das Leben selbst in lebenden Buchstaben vorschrieb. Ich habe alles mit eigenen Augen gesehen, mit vielen Sinnesorganen aufgenommen, doch werde ich es nie so treffend wiedergeben können.

August

Mir geht es in dieser ersten Augustwoche nicht gut, es ist etwas in mir passiert, wie zerbrochen, das fühlt sich an wie ein Leck im Gefäß für meine Lebenskraft. Ich bin vom Urlaub wieder zu Hause und nicht wirklich erholt. Ich hatte mir um drei meiner jungen Schwestern so sehr Sorgen gemacht: ein bedrohlicher Unfall, eine schwere Lungenentzündung und ein Rezidiv einer chronischen Erkrankung. Da hat mich selbst etwas erschreckt, so unerwartet getroffen – wie Schicksalsschläge brechen tiefe Ängste über mich herein, das Leben ist so zerbrechlich! Manchmal ist mein medizinisches Fachwissen belastend, ich weiß zu viel, ich sehe nur noch Komplikationen. Das bekomme ich nicht getrennt. Ich bin so verletzlich und habe Angst: Die alte Angst vor der Depression ist da, plötzlich, heftig, absolut bedrohlich. Ist die Angst vor der Angst schon ein erstes Symptom? Ich verkrampfe mich und atme ganz flach.

»Sprich, hol dir Hilfe!«, sagt mein eintrainiertes Überlebensprogramm. Ich rufe meinen Lehrtherapeuten an. Ich stehe am Anfang einer Weiterbildung in systemischer Aufstellungsarbeit, die mich fasziniert und bisher beflügelt hat. Tröstende warme Stimme am Telefon: »Das ist etwas sehr Großes«, sagt er und ich spüre, es ist wahr. »Es geschieht, damit du lernst, dein Leben zu leben. Das Leben selbst, nicht deine Bilder davon. Bleib da und schaue: Sieh deine Hilflosigkeit und erkenne die Wirklichkeit. Ohnmacht erfahren ist Leben, und Aufstehen gegen die Ohnmacht ist Leben. Sprich davon, predige oder schreibe!«

Da trifft es mich plötzlich wie ein längst versunkenes altes Wissen. Schreibe! Da war etwas Wichtiges: Schreiben, um zu überleben. Um zu verstehen, was geschieht. Schon als Novizin hatte mich das Tagebuch von Etty Hillesum berührt und tief getroffen. Es gehört zu meinem Noviziat, und inzwischen habe ich so oft darin gelesen, dass es schon ganz abgegriffen ist. Mir ist der innere Weg von Etty sehr nah und das Wesen von ihr wie das einer »Seelenschwester«. Mir ist es wie eine Art Auftrag, ich traue mich kaum, das Wort niederzuschreiben, doch: ein innerer Auftrag, weiterzuschreiben daran, dass das Leben von Etty Hillesum nicht verloren, abgeschnitten ist! Ihre Erfahrungen und Worte werden weiterleben, mich immer wieder berühren, andere Menschen erreichen:

Nichts geht verloren!

Ich nenne es »Tage-Nacht-Buch«. Ich werde schreiben von mir und von Etty. Es wird sich verweben und fortschreiben.

27. Februar

Pierre Stutz hält demnächst in unserer Nähe einen Kurs. Ich schätze ihn sehr als Autor und Kursleiter und vor allem als Mensch. Seit Jahren begegnen wir einander immer wieder und freuen uns daran. Er gestaltet seine Kurse mit Texten von geistlichen Menschen, ich erinnere mich an Kurse mit ihm zu Thomas Merton oder Teresa von Ávila. Einführende Sätze in die Biografie und dann viel Stille mit wenigen Worten – da sinken die Worte ein wie Samenkörner in offenes Land. Sein Meditationskurs im März wird zu Worten aus dem Tagebuch von Etty Hillesum gestaltet werden! Auf einer Autorenlesung in der Abtei Münsterschwarzach haben wir beide ein wenig Zeit miteinander: Ja, Etty ist seine und meine »Seelenschwester« – auch wenn wir beide nicht dieses Wort benutzen. Doch die besondere Verbindung ist zu spüren.

Pierre zitiert in seiner Lesung einen Wüstenvater: »Nur ein zerbrochener Leib ist ein ganzer Leib!« Der holländische Titel von Ettys Tagebuchheften hat diesen Klang: *Das zerstörte Leben.* Ich will eine ehemalige Schwester der Communität fragen, die jetzt in den Niederlanden lebt und die Sprache spricht. Ich habe ihr erzählt vom meiner Geschichte mit Etty und ihr das Tagebuch empfohlen: Nun ist sie mit mir »darin«. Auf diese zarte, nicht von mir gemachte Weise finde ich Seelenschwestern, von denen ich nicht wusste, wie nahe sie mir sind. Bärbel hat mich eingeladen, zu ihr nach Holland zu kommen, wir können das Etty-Hillesum-Center in Deventer besuchen und sie will mit mir auch nach Westerbork fahren, das heute eine Gedenkstätte ist.

Eine Reise zu den Orten, wo Etty gelebt hat? Ins Lager? Es macht mir Angst!

Samstagabend, 15. Dezember

Es ist spät, aber ich muss noch schreiben, sonst quillt meine Seele über. Ich werde nicht einschlafen können, weil mein Herz so voll ist – voller Dankbarkeit. Ich halte übers Wochenende einen Meditationskurs im Advent. Wir schweigen und lernen, mit unseren Sinnen das Unfassbare zu berühren. Wir tanzen. Dichte Erwartungszeit und Gestaltung in Texten und Musik, die ich liebe. Eine Gebärde hat es mir besonders angetan, und sie rührt mich selbst sehr an.

Rainer Maria Rilke

Was mich bewegt

Man muss den Dingen
die eigene, stille,
ungestörte Entwicklung lassen,
die tief von innen kommt
und durch nichts gedrängt
oder beschleunigt werden kann.

Reifen wie der Baum,
der seine Säfte nicht drängt
und getrost in den Stürmen des Frühlings steht,
ohne Angst, dass dahinter
kein Sommer kommen könnte.
Er kommt doch!

Aber er kommt nur zu den Geduldigen
Die da sind,
als ob die Ewigkeit vor ihnen läge.
So sorglos still und weit.

Man muss Geduld haben
Gegen das Ungelöste im Herzen
und versuchen,
die Fragen selber lieb zu haben,
wie verschlossene Stuben
und wie Bücher,
die in einer sehr fremden Sprache
geschrieben sind.

Es handelt sich darum, alles zu leben.
Wenn man die Fragen lebt,
lebt man vielleicht allmählich
– ohne es zu merken –
eines fremden Tages
in die Antwort hinein.

2

Gebärden entdecken für Gott in mir selbst

Freitag morgen, 9 Uhr

Gestern ging es mir ziemlich schlecht. Ich glaube, dass ich in mir nicht einfach genug lebe. Mich zu sehr von außen ablenken, meinem Geist zu viel freien Lauf lasse. Wohl kenne ich jetzt mein heilsames Gegenmittel: Ich muss mich auf dem Boden zusammengekauert in eine Ecke setzen und so darauf hören, was sich tief in mir abspielt. Mit denken komme ich ja doch nicht weiter. Stattdessen muss ich dann wieder Kontakt finden mit einem kleinen Stückchen Ewigkeit.

Sonntag morgen

Am gestrigen Abend kniete ich vor dem Zubettgehen plötzlich auf dem hellen Läufer zwischen den Stahlstühlen mitten im großen Zimmer nieder. Das ergab sich wie von selbst, ich wurde zu Boden gezwungen von etwas Stärkerem, als ich es bin. Vor einiger Zeit habe ich zu mir selbst gesagt: Ich übe mich jetzt einmal im Knien. Vor dieser Gebärde hatte ich noch spürbare Scheu, ist sie doch ebenso intim, wie es die Gebärden der Liebe sind. Über diese kann eigentlich auch nicht gesprochen werden, es sei denn, man wäre ein Dichter.

Oktober 1942

Wenn die Turbulenzen in mir zu stark sind und ich nicht mehr ein noch aus weiß, dann bleiben mir immer noch zwei gefaltete Hände und die gebeugten Knie. Diese Gebärde ist uns Juden nicht überliefert, ich musste sie erst mühsam lernen. Dies empfinde ich als kostbarstes Erbteil eines Mannes, dessen Namen ich schon fast vergessen habe. Sein bester Teil aber lebt weiter in mir.

Welch merkwürdige Geschichte ist das doch von mir: die eines Mädchens, das nicht knien konnte. Oder auch: das zu beten lernte.

3. September

Obwohl es mir nicht gut geht, will ich die versprochenen Kurseinheiten nicht absagen. Ich halte für eine Gastgruppe zwei Meditationseinheiten zu Psalmen, das haben sie sich gewünscht. Einen Psalm sich aneignen durch Leibarbeit, Gebärde, in die Füße rutschen lassen, mit einem Wort, rhythmisiert, Wege gehen. Der Psalm 84 ist mir nah, schon seit dem Tag, als ich auf dem Schwanberg mit meinem Gepäck ankam.

Wie liebenswert ist deine Wohnung,
du Herr der Scharen!
Meine Seele verzehrt sich in Sehnsucht
nach den Höfen des Herrn …
Selig die Menschen, denen die Kraft kommt von dir,
die sich zur Wallfahrt entschließen.
Wandern sie durchs Wüstental,
machen sie es zur Oase,
und Frühregen hüllt es in Segen.

Ja, im Gehen geschieht etwas, im Fortbewegen mache ich Erfahrungen, wirklich fahrend, dahinwandernd von Kraft zu Kraft. Wir pilgern zu einer alten Musik im ruhigen Takt. Je aufmerksamer ich in meinen Füßen bin, desto weniger werden da oben in meinem Kopf die Gedanken und sorgenden Schatten laut.

Der Psalm verheißt einen Ort, wo ich zugehörig sein darf, ein Nest, Geborgenheit. Wie ein unruhiger Seelenvogel brauche ich dieses Heimkommen. Seelenlandschaften, die vorbeiziehen oder in denen ich weiterziehe, die bieten nicht Heimat. Einsame Wüste mit Schluchten der Todesschatten kennen die Psalmendichter und wissen um abgrundtiefe Wadis und Steinwüsten der Leere. Und dennoch: Sie haben eine Sehnsucht, die sie weiterweist, sie singen voraus und glauben irgendwie doch.

Wir probieren mit wechselnden Schritten aus, wie sich in Rhythmus die Kraft verdichtet und ausdrücken lässt. Es geschieht etwas, was ich nur ahnen kann. Wir wandern dahin und ja, es kommt eine Kraft von innen. Und gleichzeitig spüren wir, wie uns eine gute, lebendige Weite umgibt: Frühregen umhüllt uns mit Segen.

Da gibt es nichts mehr zu sagen. In einfachen Gesten bündeln wir unsere Hoffnung und Erfahrungen zusammen.

Meine Stimme ist klar und warm, meine Gebärden zeigen auf etwas, was ich nicht zur Verfügung habe. Es ist nicht gelogen, ganz sicher nicht. Ich lade ein, im Spüren des Bodens Vertrauen zu wagen, und meine mich selbst. Etwas in mir weiß, dass es gilt, immer schon. Mein Leibsprache und meine Worte sind größer als ich, und die dichte Atmosphäre in der Michaelskapelle bündelt die Erfahrungen. Vertrauen ist wie ein großer Raum, eine geschützte Kapelle, ein geschlossener Kreis. Und wenn ich es nicht spüren kann, dann glaube ich doch vorweg. Mir tut es so wohl, ich vergesse im Augenblick meine Ich-Angst und zittrigen Sorgen. Wir tanzen zu einer ganz alten hebräischen Segensmelodie ohne Worte, und daraus wird ein schlichter ruhiger Segenstanz. Gottes Angesicht wendet sich uns gnädig zu, wie ein liebender Blick ruht Sein Blick auf uns. Dieser »Augen-Blick« ist kostbar und gilt für alle Zeit.

5. September

Mir fehlt Mucki, die kleine zarte Katze. Letztes Mal haben wir Rücken an Rücken geschlafen. Ich höre ihre kleinen Taps-Taps-Schritte der Pfoten auf der Holztreppe, dann biegt sie um die Ecke und ruft: Hier bin ich! Wir haben ein kleines Ritual: Schön, dass du da bist, na komm! Und sie kommt auf mein Bett, sie liebt den dunklen Baumwollstoff des Bettlakens, hat sofort ihren Ort gefunden neben meinem Kopfkissen.

6. September

Eine Therapiestunde lang darf ich klein sein, mich umarmen, halten und wiegen lassen. Heute kein Erzählen, keine Prozessarbeit, kein Suchen nach neuen Möglichkeiten, mit dem Leben umzugehen. Heute: zusammengerollt, sehr rund bin ich, Kopf im Schoss, und zartes Streicheln über meinen Rücken.

Abends höre ich mir Musik an, Lieder, und ich finde gleich die Stelle, wo es kommt, das alte jiddische Wiegenlied. Ich rolle mich in meinem Bett ein und lasse mich wiegen:

Yankele (Mordechai Gebirtig)

Shlof zhe mir shoin Yankele main shé-ner
Di é-gel-ech di shvarts-in-ke mach tsu
A yin-ge-le vos hot shoin a-le tsén-de lach
Muz noch di mame zing-en ai-lu-lu
Nu shlof-zhe mir main klu-ger chosn-bocher
Der-vail lig-stu in vi-gele bai mir
S'vet kost-en noch fil mi un ma-mes tre-ren
Biz ven es s'vet a mentsh a-rois fun dir.

Schlaf, Yankele, mein Schöner, schließ deine
Schwarzen Äugelein; hast schon alle Zähnchen,
und doch muss die Mame Dich in den Schlaf singen.
Bald bist Du groß, aber noch liegst Du in der Wiege,
und es wird noch viel Müh' und Tränen kosten,
bis ein Mensch aus Dir geworden ist.

8. März

Die Komplet, unser Nachtgebet, ist mir die liebste Gebetszeit. Immer die gleichen Worte und Psalmen des Vertrauens. Wie ein Kind bringe ich meine Seele zur Ruhe, berge mich in etwas ganz Großem, knie und singe. Etty ist mir plötzlich in dieser Haltung so nah, als ob sie neben mir kniete. *Das Mädchen, das nicht knien konnte,* wie sie da in diese uralte Gebetshaltung sich einfindet. Ich knie mühelos, bin es seit Jahrzehnten gewohnt, ich lasse mich umhüllen von Psalmen, die seit fast dreitausend Jahren Gebete des jüdischen Volkes sind. Hat Etty sie gekannt? Mir ist wenig bekannt von ihrem religiösen Familienleben. Hat ihre Mutter mit ihr abends Gebete gesprochen? Ist Etty eingeschlafen mit dem Segen, der in religiösen Familien den Kindern abends im Bett zugesagt wird?

Der Herr segne und behüte dich
Er lasse sein Angesicht leuchten über dir und
sei dir gnädig.
Er erhebe sein Angesicht auf dich und gebe dir Frieden.

4. MOSE 6, 24–26

Da darf ein Kind noch klein sein, sehr klein. Noch ohne Worte versteht und schaut es, wie sich Mutter und Vater mit dem

Gesicht über das Bett beugen und Worte murmeln, die das Kind einhüllen wie die Bettdecke.

Waren Etty die Psalmen der Sabbatbegrüßung oder der alltäglichen Morgen- und Abendgebete vertraut? Mir kommt es so vor, als ob schon früh in Etty Worte hineingefallen sind, die von unten her dann aufsteigen in Zeiten der Not. Dann verbinden sich die alten Verse mit den selbst gefundenen Worten einer jungen Frau, die Jura und Philosophie, Lyrik und Slawistik studiert.

Als ich so knie und meine Hände im Schoß in der Gebärde der offenen Hände liegen, da fühle ich mich wie an einem Brunnenrand sitzen. Der Brunnen in meinem Schoss ist tief, ganz tief und still.

Vor lauter Schweigen und Staunen sei still,
du mein tieftiefes Leben ...

Heute mag es gut sein. Mein Abendgebet steigt auf wie ein Stern am Himmel und herab senkt sich erbarmende Ruhe. Es wird weit und tief und ruhig in mir.

Mein Gott, wie nah bist Du, wenn ich stillhalte!

Leise, ganz leise stehe ich auf, verneige mich und gehe in die Nacht.

Du mein tieftiefes Leben, bleibe in mir! Behüte mich wie deinen Augenstern!

13. November

Meine Träume sind wild und bedrohlich: Ich kann mein linkes Bein nicht belasten, es sind schon lange ein Zeichen für diese fortschreitende Krankheit, deren Namen ich im Traum auch weiß. Es ist ganz typisch: nichts spüren und nicht auftreten können, ich darf es nicht belasten. Im Halbschlaf merke ich, dass ich darum kämpfe, aufzuwachen. Es fühlt sich aber so echt an, ich komme so schwer heraus. Ich will das nicht!

Meine stille Zeit am Morgen beende ich mit dem Wort von Frère Roger für den heutigen Tag:

Unter den Kindern, die in Taizé oft zum gemeinsamen Gebet kommen, waren einmal ein Bruder und eine Schwester. Das kleine Mädchen hielt versunken die Hände gefaltet. Es flüsterte ganz ruhig einige Worte. Der Bub hatte die Augen mit den Händen bedeckt und blieb still. Mit oder ohne Worte – auf ihren Gesichtern und in ihrer Haltung konnte man die Schönheit inneren Lebens entdecken.

Da lege ich mein Gesicht, meine Anspannung, mein Unvermögen in meine Hände – so nah, so bergend in mir selbst. Sich selbst versenken in einer Gebetshaltung, die heute die meine ist. Gesicht in meinen Händen, eingezeichnet in Handflächen, eingeschrieben bin ich: In meine Hände habe ich dich gezeichnet, sagt der Ewige. Ich blättere nach in Ettys Tagebuch. Inzwischen haben sich mir manche Seiten so eingeprägt, ich muss kaum suchen. Da, es ist der Eintrag vom 26. August 1941:

In mir gibt es einen ganz tiefen Brunnen. Und darin ist Gott … Ich stelle mir vor, dass es Menschen gibt, die beim Beten die Augen zum Himmel erheben. Sie suchen Gott außerhalb ihrer selbst. Es gibt auch andere, die den Kopf senken und in den Händen verbergen; ich glaube, diese Menschen suchen Gott in sich selbst.

So will ich bleiben dürfen, unendlich lange in dieser Gebärde! Die innere Gegenwart Gottes ist wohl von Anfang an in uns, und als Kind habe ich es noch gewusst. An manchen Tagen bin ich so weit fern draußen, sorgend, arbeitend, bedrängt. Am frühen Morgen und abends finde ich wieder heim. Warum verliere ich mich tagsüber so oft? Ich will das nicht! Ich gehe mir verloren, wie soll ich da den Funken des göttlichen Lichtes in mir hüten?

Erst nach zehn Jahren in der Communität begann ich zu ahnen, dass meine Sehnsucht mich nicht fortzieht in das andere Land, hin zu den Verheißungen – sondern dass die Sehnsucht immer klarer aus meinem Innern aufzusteigen beginnt. Die Sehnsucht holt mich heim. Und es tut weh, wie Sehnsucht immer schmerzvoll war, ich kenne es nur so. An manchen Tagen ist es stark, sehr drängend, ich will etwas tun, machen, ändern und weiß nicht wie. Ich laufe weit, wenn ich Zeit habe, ich will hinaus – und dann: wohin? Den Himmel außen oder drinnen suchen, ist das denn eine Alternative? Aktion und Kontemplation als zwei entgegengesetzte Bewegungen, die mich zerreißen? Das wird mich verzehren, da reichen die Kräfte nicht hin.

Und dann wieder geschieht es ganz leise und zart, wie im Hauch einer lebendigen Weisheit. Einatmen und empfangen, schöpfen, genießen und im Ausatmen weiterschenken und gestalten, es bleibt ein Schwingen und Atmen und hört nicht auf. Stundenlang bin ich im sicheren Rhythmus geborgen. Ich möchte das festhalten. Jetzt ist die Zeit der Gnade, ein Atemzug des Heils!

Es wird nicht bleiben, nicht so, dass ich es in die Hände nehmen darf. Festhalten ist keine Möglichkeit, um das Geheimnis zu behüten.

Für heute will ich es mitnehmen wie eine ganz persönliche Gebärde: mein Gesicht in meine Hände legen und still sein. Ob ich das in Gegenwart eines anderen Menschen zu tun wage? Außen werde ich es nicht tun, aber innen. Das bleibt zunächst mein Geheimnis: nur für heute und nur für mich!

Adventszeit, Samstagmorgen

Mein kleines Morgenritual liebe ich, wenn ich in die Kirche gehe und den Weg außenherum wähle: nach Osten hin wird es jetzt erst langsam Tag, und er ist noch ganz unberührt. Das Adventslied, mit dem ich diese Himmel-Gesicht-Gebärde verbinde, stammt aus dem modernen geistlichen Liedgut. Jürgen Henkys hat viele Übersetzungen aus dem Niederländischen sprachlich feinfühlend gestaltet.

Das Volk, das noch im Finstern wandelt –
Bald sieht es Licht, ein großes Licht.
Heb in den Himmel dein Gesicht
Und steh und lausche, weil Gott handelt. EG 20,1

Ich hebe mein Gesicht in den Himmel, ich spüre mich in meinem Leib ganz weit und leicht. Ich selbst bin ein großer Raum und stehe unter weitem Himmel. Woher das Licht kommt, weiß ich nicht.

Ich bin sehr glücklich.

Rainer Maria Rilke

Es winkt zu Fühlung fast aus allen Dingen

Es winkt zu Fühlung fast aus allen Dingen,
aus jeder Wendung weht es her: Gedenk!
Ein Tag, an dem wir fremd vorübergingen,
entschließt im künftigen sich zum Geschenk.

Wer rechnet unseren Ertrag? Wer trennt
uns von den alten, den vergangnen Jahren?
Was haben wir seit Anbeginn erfahren,
als dass sich eins im anderen erkennt?

Als dass an uns Gleichgültiges erwarmt?
O Haus, o Wiesenhang, o Abendlicht,
auf einmal bringst du's beinah zum Gesicht
und stehst an uns, umarmend und umarmt.

Durch alle Wesen reicht der eine Raum:
Weltinnenraum. Die Vögel fliegen still
durch uns hindurch. O, der ich wachsen will,
ich seh hinaus, und in mir wächst der Baum.

Ich sorge mich, und in mir steht das Haus.
Ich hüte mich, und in mir ist die Hut.
Geliebter, der ich wurde: an mir ruht
der schönen Schöpfung Bild und weint sich aus.

3

Widerstehen, sich nicht erniedrigen lassen

18. Mai 1942

Die Bedrohungen von außen nehmen ständig zu. Der Terror wächst mit jedem Tag. Ich lasse mich von Gebeten umgeben wie von einer schützenden Hülle und ziehe mich in das Gebet zurück wie in eine Klosterzelle. Diese kann ich dann stärker und gefasst wieder verlassen.

Samstag morgen, halb 8

Ich war früh zu Bett gegangen und schaute durch mein großes, offenes Fenster hinaus. Dabei war es mir wieder, als ob mein Leben mit all seinen Geheimnissen zum Greifen nahe bei mir war. Ich hatte das Gefühl, dass ich an der nackten Brust des Lebens ruhte und seinen regelmäßig ruhigen Herzschlag spüren konnte ... ich war sicher und geborgen. Dabei dachte ich: Wie merkwürdig doch! Dabei herrscht Krieg mit Konzentrationslagern, Grausamkeiten häufen sich unaufhörlich ... ich kenne die Verzweiflung der Menschen, das viele sich mehrende Leid – ich weiß von Verfolgung und Unterdrückung, von Willkür, ohnmächtigem Hass und grausamem Sadismus. Das weiß ich alles und behalte auch jedes Stückchen Wirklichkeit im Auge, das sich mir in den Weg stellen will.

Dann ruhe ich unvermittelt wieder an der nackten Brust des Lebens, dessen Arme sich wieder weich und schützend um mich legen. Ich kann diesen Herzschlag kaum richtig beschreiben: langsam, regelmäßig, gedämpft – und dabei unerhört barmherzig und treu, als wollte er niemals aufhören.

Samstag abend, (20. Juni 1942) halb eins

Zur Demütigung sind zwei Seiten nötig: eine, die demütigt, und die andere, die sich erniedrigen lässt. Spielt diese nicht mit und verhält sich die passive Seite nicht erwartungsgemäß, dann löst sich die Demütigung von selbst in der Luft auf. Was bleibt, sind lästige Mechanismen, die das Leben wohl beeinflussen, jedoch keine Erniedrigungen oder Unterdrückungen mehr in sich tragen, die der Seele schaden. Zu dieser Erkenntnis müsste man unbedingt allen verhelfen.

Heute früh fuhr ich mit dem Fahrrad über die Stadionskade, genoss den weiten Himmel über dem Stadtrand und atmete die frische, nicht rationierte Luft tief ein. Überall in der Gegend standen Tafeln, die die Wege und die gesamte freie Natur für Juden für gesperrt erklärten. Und doch wölbt sich auch über dem einzigen Weg, der uns erlaubt ist, der weite, freie Himmel!

13. August

Vor 21 Jahren war meine Noviziatsaufnahme, an diesem besonderen Datum: Am 13. August 1961, genauer gesagt: in der Nacht zum 13. August begann der Mauerbau. Ich war zu diesem Zeitpunkt sieben Monate alt, ein Baby. Seit frühester Kindheit bis hin ins junge Erwachsenenalter existierte diese tödliche Trennung. Meine Familie lebte im Westen, wir hatten gute Freunde in der DDR. Als Schülerin war ich dabei auf den Klassenfahrten zur Grenze und starrte auf den Todesstreifen. Die scharfen Kontrollen im Zug und an den Grenzübergängen bei Besuchsfahrten in die Niederlausitz machten mir Angst: Ich war noch ein Kind und fürchtete mich sehr vor dem rauen Ton der Grenzsoldaten der Volksarmee, vor den bedrohlichen Stacheldrahtverhauen mit den Selbstschussanlagen und verstand nichts. Wie soll ein Kind den kalten Krieg zwischen den großen Militärmächten verstehen? Ich spürte nur dieses Kalte und Abweisende, diese fremdartige und starre Trennung mitten durch Felder eines Dorfes, mitten durch die Stadt Berlin.

Als Tischlesung haben Mitschwestern Interviews und zeitgenössische Berichte herausgesucht, wir hören von dem scharfen Schmerz der gewaltsamen Trennung. Und gleichzeitig tauchen Bilder auf von Lichterketten und Gebeten: eine tot geglaubte Hoffnung erwachte zum kraftvollen Lichtermeer. Der Fall der Mauer!

»Mit allem haben wir gerechnet, nur nicht mit Kerzen und Gebeten!«

Ich sammle Worte für die Nacht, und dieser Satz ist größer als mein Ich, es ist ein Wendewort für mein Land, in dem ich aufgewachsen bin: »Mit allem haben wir gerechnet, nur nicht mit Kerzen und Gebeten!«

Ich halte mich fest beim Einschlafen: Mit allem rechnen, ja, auch mit Kerzen und Gebeten!

25. August

Da war heute in der Nacht ein Traum von Kindern und Vorbereitungen zur Flucht. Ich habe eine Aufgabe, die Kinder müssen geschützt werden - wer hilft mir dabei?

Das Aufstehen ist schwer, es läuten die Glocken unten vom Dorf herauf. Ich bin noch im Übergang zwischen Nacht und Tag. Wenn das unsere Kirchenglocken sind, dann schaffe ich es nicht mehr bis zum Morgengebet. Dein Wort, o Gott, auf meinen Lippen, in meinen Augen, in meinen Füßen: Aufstehen, den Boden berühren, dem Tag entgegengehen. Ich laufe nicht durch den Gewändergang in die Kirche, sondern außen herum. Es riecht nach Heu und Erde, durch das Gewitter hat es abgekühlt. In der Kirche ist es sehr still, ganz merkwürdig still, totenstill. Da merke ich erst, welchen Klang sonst der sprudelnde Brunnen draußen in der Vorhalle hat:

Der immerwährende Klang murmelt, versichert mir eine lebendige Gegenwart, die schon da war, als ich noch sehr, sehr klein war. Der Brunnen ist ein starkes Zeichen unseres Glaubens: Tauferinnerung in Wasser, Klang und Bewegung.

Jetzt, da das Wasser sich nicht bewegt, der Brunnen nicht klingt - jetzt erschrecke ich, wie abgeschnitten und tot die Stille im Raum ist. Wie sehr gehört es schon zu dieser Stille, dass der Klang einfach da ist. Das war ja schon im Mutterleib so, immer schon umgab mich der Klang des bewegten Wassers.

9. November

Unruhige, schwere Nacht, gliederschwer und sehr müde bin ich. Gestern noch schaute ich zuversichtlich in die kommende Woche, heute sagt alles in mir: Ich kann nicht, ich bin so erschöpft. Alles wird so langsam, außen und innen. Noch einmal einkringeln und nach innen horchen. »Hineinhorchen« sagt Etty dazu und nimmt das deutsche Wort dafür. Ich bin vielschichtig müde: ganz oben das Denken und ganz tief unten die Lebenskraft. Ich bin abgrundtief erschöpft. Ist da ein Loch in mir, dass Energie irgendwo heraussickert und ich weiß nicht, wie? »Es war zu viel emotionale Arbeit in den vergangenen Wochen, das ist kein Wunder«, sagt mein Arzt. Er hat mich krankgeschrieben für zwei Wochen, keine Priorin sein, nichts entscheiden müssen, mich um mich selber sorgen. Die meiste Zeit verbringe ich in unserem Blockhaus; das einfache Leben hilft mir zurück in eine Lebendigkeit, in der ich mich wieder spüre: Holz holen, Feuer im Ofen anschüren, Tiere füttern, Äpfel auflesen.

Der Morgen ist draußen hell und erreicht mich nicht. Ich bin immer noch unendlich müde und bleischwer, es war wirklich so vieles so schwer. Dieses schwer zu Tragende kam mir wie eine Woge von außen entgegen – ich stemmte mich dagegen mit meinen Gefühlen und Leidenschaft, anders kann ich nicht. Ohne dieses leidenschaftliche Mitfühlen bin ich nicht Friederike.

Heute ist der 9. November. In der Nacht zum 10. November vor 74 Jahren brannten die Synagogen, schlugen die Nationalsozialisten mit ihrem Hass vernichtend zu, zerstörten, was den Juden heilig und unantastbar ist. Gewalt gegen das Heiligste, das Gott gehört: Synagoge und Thorarolle, Gebetsschal und das Allerkostbarste, die Menschen selbst, geschlagen, gedemütigt, zerstört. Kann Gewalt von außen das Innerste zerstören? Können Schicksalsschläge Menschen vernichten?

Ganz langsam gehe ich in den neuen Tag. Die Tiere brauchen Futter, das ist wenigstens sinnvoll. Und ich brauche nichts zu denken, wo der Kopf so schwer und dumpf ist. Ich miste aus, mische Stroh und Heu, füttere die Tiere, nichts weiter als das. Pferde und Esel kauen zufrieden, nichts weiter als das, so ist es genug. Langsam kommt eine kleine Kraft wieder, von irgendwoher in mir. Als ich am Stall später vorbeikomme, stehen beide Pferde und Esel ganz still in der Sonne, die jetzt den Nebel durchbricht. Das ist gut auch für mich. Ganz ruhig dastehen und atmen und die Sonne aufnehmen, sich wärmen und anstrahlen lassen.

Jetzt kriege ich das Kaffeekochen fürs Frühstück auf die Reihe, ich sitze am Holztisch und schaue über das herbstliche Land. Für Bibellese oder Losungen bin ich noch nicht hell genug, so nehme ich das kleine Jahresbegleitbuch von Frère Roger und schlage den 9. November auf:

Hast du Zeiten, in denen alles öd und leer scheint? In solchen Augenblicken, in denen scheinbar nichts in dir geschieht, geht mit ganz Wenigem eine Wüstenblume auf.

Ich glaube schon lange nicht mehr an Zufälle. Alles, was mir entgegenkommt, Worte, Begegnungen, Bilder, alles hat einen Sinn – wenn ich denn bereit bin. Meistens bin ich es nicht, das macht aber nichts, weil der Sinn ohnehin nicht verloren geht.

Rainer Maria Rilke

Gott spricht mit jedem nur, eh er ihn macht

Gott spricht mit jedem nur, eh er ihn macht,
dann geht er schweigend mit ihm aus der Nacht.
Aber die Worte, eh jeder beginnt,
diese wolkigen Worte, sind:

Von deinen Sinnen hinausgesandt,
geht bis an deiner Sehnsucht Rand;
gib mir Gewand.

Hinter den Dingen wachse als Brand,
dass ihre Schatten, ausgespannt,
immer mich ganz bedecken.

Lass dir Alles geschehn: Schönheit und Schrecken.
Man muss nur gehen: Kein Gefühl ist das fernste.
Lass dich von mir nicht trennen.
Nah ist das Land,
das sie das Leben nennen.

Du wirst es erkennen
an seinem Ernste.

Gib mir die Hand.

4

Gott suchen in mir und der innere Raum des Gebets

26. August, Dienstag abend

In meinem Inneren lebt ein tiefer Brunnen, der Gott birgt. Manchmal kann ich ihn erreichen, oft jedoch ist der Brunnen mit Steinen und Sand zugeschüttet. Dann ist der Kontakt zu Gott nicht möglich und muss neu ausgegraben werden. Ich weiß, dass es Menschen gibt, die beim Beten die Augen zum Himmel heben. Sie suchen Gott außerhalb ihrer selbst. Andere senken ihr Haupt und legen es in ihre Hände. Diese, so glaube ich, suchen Gott in sich selbst.

November 1941

Die Geräusche im Haus und auf der Straße fühlen sich an wie eine ferne Brandung. ... Man muss auf das hören, was aus einem selbst aufsteigt. Die einzig sichere Stimme, die uns sagt, was wir tun und wie wir leben sollen, muss aus dem Brunnen kommen, der aus der eigenen Tiefe quillt.

Mein Gott, ich danke Dir, dass Du mich so geschaffen hast, wie ich bin. Dafür, dass ich in mir diese Weite spüren darf, die ja nichts anderes ist als das Erfülltsein von Dir.

Mai 1942

Der Rückzug in die geschlossene Welt einer Zelle gewinnt für mich immer mehr an Wirklichkeit und Bedeutung. Der innere Brennpunkt schafft hohe Mauern um mich, zwischen denen ich zu mir kommen und mich nach aller Zerstreuung wieder sammeln kann. Es sind für mich auch Zeiten denkbar, in denen ich tagelang auf Knien liegen muss um endlich die Mauern wahrzunehmen, in deren Schutz ich nicht an mir verzweifeln muss, mich nicht verlieren kann und zugrunde gehen.

Donnerstagnacht

Ich schrecke hoch, es ist zwei Uhr nachts. Soll ich aufstehen, schreckhafte Gedanken abschütteln, mich ablenken? Was hilft mir? Ich glaube, ich muss mir tagsüber Worte und Bilder holen gegen die Angst in der Nacht. Wie Frederik, die Maus, die Farben sammelt für den Winter. Wenn die Nacht kommt, ist es zu spät!

Mir kommt ein Vers aus einem Abendlied von Jochen Klepper in den Sinn, plötzlich ist er da und ich halte ihn fest. Ausgerechnet von Jochen Klepper, wieder ein Mensch, der Schatteninnenwelten kennt, der angesichts der drohenden menschenvernichtenden Nazi-Herrschaft überschwemmt wurde von dieser Hilflosigkeit der Gewalt gegenüber. Jochen Klepper hat sich und seine Frau und Tochter hinübergerettet auf die andere Seite des Lebens. Ins Exil zu gehen war nicht mehr möglich, fürs Untertauchen gab es kein sicheres Versteck.

Ausgerechnet Jochen Klepper schreibt ein Abendlied, das um Trost weiß, der mir zu stark ist – und dennoch mir seltsam nah. Ich werde die Verse tagsüber sprechen, murmeln, summen, singen: Ich brauche sie not-wendig für die Nacht!

Ich liege, Herr, in deiner Hut
und schlafe ganz mit Frieden.
Dem, der in deinen Armen ruht,
ist wahre Rast beschieden.

Ich achte nicht der künft'gen Angst.
Ich harre deiner Treue,
der du nicht mehr von mir verlangst,
als dass ich stets aufs Neue

zu kummerlosem, tiefen Schlaf
in deine Huld mich bette,
vor allem, was mich bitter traf,
in deine Liebe rette.

EG 486, 1.7.8.

Freitagabend

Ich bin manchmal so hautlos für Worte von außen – nicht verletzlich, sondern durchsichtig. Mir geht es gut in meiner Seele, ich bin empfänglich für gute Worte, die zu mir gelangen wie ein starker Windstoß, der mich durchpulst.

Beginn der Fastenzeit

Mir ist die Fastenzeit inzwischen sehr lieb geworden. Ich entdecke in dem Verzicht eine große Chance für Freiheit und Einfachheit. Mich befreien lassen von dem, was mir in meinem Kopf herumgeht, mich bedrängt und mir Sorgen bereitet. In unserer klösterlichen Lebensform geben wir dieser Zeit einen Klang der inneren Freude: eben nicht den Trübsal blasenden Verzicht inszenieren, sondern in neuer Intensität und Vorfreude auf das Fest der Auferstehung zugehen. Als Priorin schreibe ich eine »Fastenordnung« für meine Schwestern: kleine geistliche Übungen. Wenn ich klug bin, dann sind sie wirklich klein – sonst gibt es von vornherein Frustration. Ich lege meinen Schwestern das Gebet der liebenden Aufmerksamkeit ans Herz. Wieder tauchen in mir einzelne Zeilen aus den Tagebucheinträgen von Etty Hillesum auf. Sie sind wohl etwas Ähnliches wie ein achtsamer Tagesrückblick.

9. August

Die Nächte sind wie brüchiges Eis, ich traue ihnen nicht. Ich traue mir nicht mehr. Jederzeit kann wieder die panische Angst mich einholen. Und dann bin ich ein Nichts, ein sehr kleiner Säugling, wimmernd. Ich kauere mich zusammen, mache mich zu einer kleinen Kugel wie ein Embryo. Für Worte bin ich noch viel zu klein. Auch noch viel zu klein für die große Schwester in mir, die sagt: Komm raus aus der Kugel, steh auf, beweg dich, spür dich, mach das Licht an! Geh doch runter in die Teeküche und mach dir was zu trinken! Ich hatte in meinem Leben keine große Schwester, die Große war ich doch selbst! Manchmal kriege ich die Kurve und telefoniere. Eine Schwester, der ich vertraue, ist bereit, »Nachtbereitschaft« für mich zu übernehmen, das hatte ich noch in der Klinik ausgemacht. Wenn ich ins Telefon weine, weiß sie, dass ich es bin, sie kommt und nimmt mich in den Arm. Sie streichelt mir fest über den Rücken, damit ich spüre, dass ich da bin. Sie summt mir ein Lied ins Ohr und holt mich zurück aus der Angst.

Eine solche Überflutung von Angst und das Zurückkommen kosten mich riesige Kraft, ich bin den ganzen Morgen danach wie ausgelaugt und neben mir. So kann ich nicht leben, da reicht mir die Kraft nicht, um tagsüber Priorin zu sein: weitblickend und tatkräftig, einfühlsam und klar in anstehenden Entscheidungen. Auf Rat meines Arztes nehme ich abends vor dem Einschlafen wieder meine Nachtmedikation: Sie wirkt bei mir – es ist die kleinste verfügbare Dosis – ich nehme sie ja auch dem ganz Kleinen zuliebe, das braucht ja wohl keine Erwachsenendosis.

Spätsommer

Morgen früh habe ich eine Auslegung zu halten, die Texte folgen der fortlaufenden Ökumenischen Bibellese; die Reihenfolge der Schwestern, die Textauslegung halten, verteilen wir nach Klosterordnung. Der Text fällt mir zu, ich habe ihn nicht gewählt:

Und Jesus stieg in das Boot, und seine Jünger folgten ihm. Und siehe, da erhob sich ein gewaltiger Sturm auf dem See, sodass auch das Boot von Wellen zugedeckt wurde. Er aber schlief.

MATTHÄUS 8, 23.24

Er schlief! Jesus, der Meister, schläft inmitten eines tosenden Meeres der Urgewalten, die über das Boot hereinschlagen! Matthäus schreibt wörtlich: Da geschah ein großes Erdbeben. »Seismos« heißt nicht Sturmwind, sondern Beben der Erde, Beben des Grundes. Wie ein Tsunami, alles gerät aus den Fugen, die Erde und der See Genezareth, den die jüdischen Fischer das Galiläische Meer nennen. Eine Katastrophe unermesslichen Ausmaßes droht hereinzubrechen über das Boot, über die Menschen im Boot, ich kenne das, auch über mich. Und Jesus schläft! Er muss geweckt werden, damit er etwas tut gegen die Ohnmacht und Angst!

Meine Auslegung wird morgen bei diesem Satz aufhören, alles andere geht mir zu weit. Ich fasse es nicht, ich verstehe das nicht. Das ist eine andere Lebenswelt: Jesus hatte solch eine innere Ruhe, ein so abgrundtiefes Gottvertrauen! Wie kann ich mich daran anschließen, anschmiegen? Wie notwendig ich das brauche: von Jesus, dem Christus, Kraft tanken, mich einbinden in seinen Glauben.

Donnerstagnachmittag

Ich suche das Gespräch mit meinem geistlichen Begleiter. Er hört mir aufmerksam zu. Er lässt mich nicht allein mit meinen Ängsten und den mir selbst immer wieder so fremden Nachterfahrungen. Er versteht, weil er es selbst kennt: Plötzlich ist das Gottvertrauen weg, abgeschnitten, nichts mehr ist übrig vom Ich, das denkt und handelt. Wer bin ich noch? Was ist das für ein Gott? Ein Nicht-Gott wie in der Wolke des Nichtwissens?

Wir bleiben behutsam miteinander unterwegs: Ob ich diese Erfahrungen aus der Krankheitszeit der Depression her kenne? Oder mag es bedeuten, dass auf meinem geistlichen Weg etwas geschieht, das Johannes vom Kreuz die »Dunkle Nacht der Seele« nennt?

Was bedeuten die Zeichen?
Was ist für mich zu lernen?
Fremdsein in mir und in dem ganz anderen Gott?

Dein Wort ist meines Fußes Leuchte. Ja, ich brauche in dunklen Zeiten ein Wort und Licht und eine Hand, die mich hält ... Ich will es versuchen, dieses Leuchtwort in das Dunkle mitzunehmen. Ob ich das Leuchtwort rechtzeitig fassen kann, wenn eine dunkle Angstwelle mich überrollt – oder schlimmer noch: ein lähmendes, schleichendes Morgengrauen?

Samstagabend

Das ist wichtig, es muss noch heute zu Papier gebracht werden: Am heutigen Kontemplationstag entdeckte ich etwas Neues! Bisher war ich gewohnt, mit offenen Augen zu meditieren, gelassen vor mich hin auf den Boden zu schauen, absichtslos. Der erfahrene Kontemplationsmeister schlägt vor, die Augen zu schließen. Das ist ja unfassbar! In einem Atemzug trete ich ein in eine dunkle Höhle der Geborgenheit. Ich könnte die Wände mit den Händen berühren, ich bin innen in mir, und die Höhlenwand meines Personenraumes ist dunkel und warm. Ich bin in-mitten, geborgen.

Da lege ich mein Gesicht in meine beiden Hände und bleibe so. Ich berge mich in mir selbst, ich bin tief und still wie ein ruhiger See, nichts kann mich erschrecken.

Rainer Maria Rilke

Du, Nachbar Gott

Du, Nachbar Gott, wenn ich dich manchesmal
in langer Nacht mit hartem Klopfen störe, –
so ist's, weil ich dich selten atmen höre
und weiß, du bist allein im Saal,
und wenn du etwas brauchst, ist keiner da,
um deinem Tasten einen Trank zu reichen:
Ich horche immer. Gib ein kleines Zeichen.
Ich bin ganz nah.

5

Menschlich bleiben

Frieden kann nur entstehen, wenn ihn jedes Wesen in sich selbst findet, wenn der Hass gegen Mitmenschen, Völker und Rassen im eigenen Inneren besiegt und verwandelt wird. Vielleicht könnte er in einer fernen Zukunft sogar zur Liebe werden? Das mag zu hoch gegriffen sein, wohl wäre es die einzige Lösung.

Ich bin ein glücklicher Mensch und preise dieses Leben. Jawohl: Im Jahre des Herrn 1942, dem so und so vielsten Kriegsjahr.

16. Juli 42, Jüdischer Rat

Nun habe ich doch noch im Flur, trotz schlechter Luft und ziemlichem Gedränge, ein paar Rilke-Briefe gelesen. Ich mache auf meine Art einfach weiter. Aber diese Todesangst auf den Gesichtern, mein Gott, auf all diesen Gesichtern!

20. Juli, Montag abend halb 10

Unbarmherzig, wie gnadenlos unbarmherzig! Umso barmherziger müssen wir innerlich sein. Das ist das Einzige, was ich an diesem Morgen von dir erbitte.

Mein Gott, diese Zeit ist viel zu hart für so zerbrechliche Menschen wie mich. Ich weiß wohl, dass nach diesen wieder andere, menschlichere Zeiten kommen. So gerne möchte ich dann noch am Leben sein, um die Menschlichkeit, die ich trotz allem in mir bewahre, in diese neue Zeit hinüberzurtragen. ... Spontan kniete ich auf der harten Kokosmatte im Badezimmer nieder und die Tränen strömten mir über das Gesicht.

21. Juli, Dienstag abend, 19 Uhr

Ich fühle mich wie ein Gefäß für einen Teil kostbaren Lebens, für das ich verantwortlich bin. Für das schöne und starke Lebensgefühl in mir, das ich unversehrt in eine bessere Zeit hinüberretten muss. Ich bin mir ständig dessen bewusst, dass nur das wichtig ist ...

Umgeben von Tausenden von Bittschriften, die ich heute in einer Atmosphäre zwischen Hölle und Irrenhaus getippt habe, las ich Rilke. Und das hat mir ebenso viel gegeben als wäre es in der Abgeschiedenheit meines stillen Zimmers geschehen.

Karfreitag

Der Tag ist dunkel und schwer, Schneewolken hängen tief, und ich bin unendlich müde. Wir gehen den Kreuzweg miteinander, eine große stille Gruppe Menschen, ein wenig Sonne wärmt mein Gesicht und verschwindet wieder hinter den Wolken. Wege gehen, Schritte auf der Erde und Worte hören, die mich nach innen führen.

In der Todesstunde muss ich wie jedes Jahr hindurch durch das entsetzliche Sterben am Kreuz, hängend, erstickt. Wenn die letzte Kerze gelöscht wird, ist es vorbei, endlich vorbei. Es hilft mir, dass ich als Priorin in der Kirche Aufgaben habe: die Stille schützen, Zeichen für die Gebetsgebärden geben, verbeugen, aufstehen, knien, verneigen. Dann spreche ich mit Sigrid das große Fürbittengebet. Meine Stimme klingt tief und wird im Sprechen weit, ich nehme die Menschen hinein, für dic wir beten, als ob die Wände sich weiten: die Welt in der Ferne ist nah, ganz nah.

Da ist mir, als sähe ich Etty mir gegenüber. Sie kniet in der Gruppe Gäste dort an der Säule, sie ist mitten unter uns und wir beide sind nicht allein. Ich bete für uns beide, für sie und für mich:

Lasst uns beten für das jüdische Volk, zu dem Gott zuerst gesprochen und das er zu seinem Bund erwählt hat. Lasst uns wieder und wieder bitten um Vergebung für das unbeschreibliche Leid, das wir Christen und wir Deutschen über das jüdische Volk gebracht haben. Lasst uns flehentlich bitten, dass täglich Juden und Palästinenser es wagen, Wege des Friedens zu finden in dem Land, das ihnen Heimat werde …«

Getragene Stille ist im Raum, Schweigen groß und tief, Herzenswärme, Schmerz, Tränen. *Es ist vollbracht.* Tief und dunkel die Worte. Ein Zeichen noch, bevor ich die Kirche verlasse: zum Kreuz hingehen, es berühren. Und dann knie ich nieder, ganz klein und bodennah: die große Gebärde des Kniens.

Endlich willige ich ein, dass ich mich nicht vor dem entsetzlichen Abgrund fürchten muss. Der Fels ist fest, ich kann nicht tiefer fallen, denn der Steinboden trägt. Wie alle Granitsteine unserer Kirche stammt der Stein aus dem Steinbruch von Flossenbürg. Als 12-Jährige haben wir mit der Schule das ehemalige Konzentrationslager Flossenbürg besucht, eine Ausstellung dort, das Gelände. Mich packt jetzt noch das blanke Entsetzen – es war so furchtbar, und meine Lehrerin konnte mich nicht schützen, das Grauen nicht wegnehmen, mich nicht trösten. Sie haben dort gequält, schlimmer als ich es mir vorstellen konnte. Ich musste die Augen zumachen, und es wurde noch schrecklicher.

Nicht fortgehen darf ich, weder innerlich noch äußerlich. Bleib, bleib und halte stand!

Ich bleibe dort unten, wo ich hingehöre, wo ich endlich Heimat finde.

Jetzt habe ich meinen Schutzengel aus meinen Armen entlassen. Gott selbst wird mich bewachen.

Etty saß immer wieder an Orten, die für Augenblicke *der Ort* wurden, Makom, Gegenwart. Sie las ein Gedicht oder aus Briefen von Rilke. Ich knie in meiner Zelle, lehne mich erschöpft an die Wand und sage mir selbst das Gedicht, was jetzt sein darf, endlich.

Samstag, 1. Dezember

Ich bin zum ersten Advent nicht zu Hause, das tut mir leid. Ich liebe das Kirchenjahr mit den weisen Übergängen von Abschied und Neubeginn. Mit dem ersten Advent beginnt das neue Kirchenjahr, wir feiern es in der Communität groß und schön – und ich bin nicht da. Meine Weiterbildung in systemischer Aufstellungsarbeit liegt nun gerade auf diesem Wochenende, da ist nichts zu machen.

Doch da, als ich morgens aus dem Fenster sehe: Zarter Schnee bedeckt den Boden, helle klare Winterluft – ein Himmelsgeschenk! Statt mit der S-Bahn zu fahren, laufen wir beide, Sr. Edith und ich, zum Haus, in dem das Seminar stattfindet, und genießen unseren Adventsweg durch die stillen Straßen.

In der Ausbildungsgruppe sind wir vertraut miteinander geworden, Menschen kommen dazu mit ihren oft schmerzvollen biografischen Themen. An diesem Wochenende stoßen wir immer wieder auf unsere deutsche Geschichte mit zwei Weltkriegen. Die Generation unser Urgroßeltern und Großeltern hat Furchtbares gelitten und verantwortet. Ich bin erschüttert, wie die unendliche Einsamkeit der russischen Winterlandschaft plötzlich präsent wird. Da steht ein Stellvertreter für den Großvater an der Ostfront im Raum. Er geht ans Fenster und blickt hinaus. Er ist unerreichbar für uns als Zuschauer oder stellvertretende Kinder. Da steht unverrückbar und einsam eine hohe Gestalt und sucht weit draußen nach den toten Kameraden.

Wie schmerzhaft klingt jetzt der Satz: Mein Großvater ist im Krieg geblieben. Das sind doch die Gefallenen! Aber nein, auch die Heimkehrer sind mit ihrer Seele im Krieg geblieben, dort bei dem Kameraden, für den ein junger Offizier verantwortlich war. Er hatte doch den Auftrag, seine Leute durchzubringen, und hat es nicht geschafft. Oder der Freund, der still neben einem Gefreiten zu Boden sackt, Kopfschuss und tot und verloren, der Freund.

Da scheint die Seele sich loszulösen und dort zu kauern neben den Toten und kommt nicht mit heim, auch wenn die ausgemergelten, verbitterten Männer die Kriegsgefangenschaft überlebten und als Heimkehrer begrüßt wurden. Manche sind nur als Hülle heimgekommen, mit erloschenen Augen. Ihre Seele ist dort geblieben, und die Augen sehen nicht die Frau und nicht die inzwischen geborenen Söhne und Töchter. Und weitere Generationen von Kindern und Enkeln warten ihr Leben lang auf den Blick des Vaters. Der aber ist mit seinem Wesen und seiner Verbundenheit im Krieg geblieben. Ein Junge wird vor den Augen des Vaters zum Mann. Doch was geschieht, wenn der nicht sehen kann?

10. November

Ich bin bei meinen Eltern zu Besuch. Mein Vater ist Historiker, bei ihm im Arbeitszimmer stehen Schränke mit Fachliteratur zur Geschichte. Als Geschichtslehrer hat mein Vater an Geschichtsbüchern mitgeschrieben, es ist sein Auftrag an Schüler und uns Kinder: Wir müssen aus der Geschichte lernen, nie wieder Krieg, nie wieder Missbrauch durch ein Regime! Er hat seinen Vater verloren, als er elf Jahre alt war. Meinen Großvater habe ich nie kennengelernt. Als Dorfschullehrer wurde er spät eingezogen und an die Ostfront geschickt. Am Ilmensee in Russland ist er gefallen, am 1. April 1942. Als die Nachricht meiner Großmutter überbracht wurde, sollten die beiden älteren Buben noch draußen bleiben. Der ältere Freund meines Vaters trat aus dem Zimmer und sagte zu den beiden Kindern: »Jetzt müsst ihr Buben der Mutter helfen!« Da war die Kindheit meines Vaters unwiederbringlich zu Ende.

Meine Mutter war als Flüchtlingskind nach Erlangen gekommen, dort haben sich dann auch meine Eltern kennengelernt.

Meine Mutter besitzt eine reiche Sammlung zeitgeschichtlicher Literatur: Schicksale aus dem sogenannten Dritten Reich, Erzählungen aus Ostpreußen, biografische Romane von Frauen des Widerstandes, von Jüdinnen und Vertriebenen füllen ganze Regale. Meine Mutter ist in Berlin aufgewachsen, bis sie als Kind mit ihrem Zwillingsbruder aus den Bombenangriffen herausgeholt wurde. Der Vater meiner Mutter war bei Kriegsende Professor an der Universität in Prag, sie sind geflohen und als Familie gemeinsam über den Harz durchgekommen. »Wer hilft dir, wenn es dir nicht gut geht?«, erinnere ich mich an eine mir wichtige Frage an meine Mutter. Sie schwieg. »Etwas, was schön ist«, antwortete sie zögernd. »Kunst vielleicht – und Bücher, ja gute Literatur.« Wo die Heimat meiner Mutter ist, weiß ich nicht zu sagen. Sie liebt die Orte ihrer Kindheit: Berlin, Loheland, Prag, aber ich weiß nicht, ob sie eine Heimat hat. Aber sie hat es verstanden, uns Kindern Heimat zu geben.

Die ersten fünf Sätze einer Kurzbiografie von Etty Hillesum könnte ich untermalen mit meiner eigenen: Am 19.1.1961 wurde ich als älteste Tochter meiner Eltern in Erlangen geboren. Mein Vater war Lehrer für alte Sprachen und Geschichte und später Direktor des Musischen Gymnasiums in Erlangen. Meine Mutter ist aus Prag geflohen, als der Krieg zu Ende ging. Ich bin das zweite Kind von fünf Geschwistern und habe das Humanistische Gymnasium besucht, an dem mein Vater unterrichtete …

Im Arbeitszimmer meines Vaters suche ich nach historischen Zusammenhängen Was geschah in den Jahren 1941 bis 1943, in denen Etty Tagebuch schrieb? Ich will wissen, um zu verstehen, ich brauche den zeitgeschichtlichen Hintergrund, sonst kann ich nicht begreifen.

Meine Eltern lesen vor dem Frühstück gemeinsam die Herrnhuter Losung und dann einen Text aus einem fortlaufenden Buch, das ihnen wichtig ist. In diesem Jahr begleiten sie Gedichte und Lieder von Arno Pötzsch. Sie hatten mir schon daraus zitiert. Ich bin betroffen, ich sitze wie an einem großen Webstuhl und jemand anderes webt durch die Zeitstränge einen Faden. Pötzsch war 1940 bis 1942 in Holland und Belgien eingesetzt als Pfarrer in der Marine!

Mein Vater liest.

Wo warst du, Herz, im Schlaf der Nacht?
Die Welt hat viele Räume.
Mir war, ich läg in dunklem Schacht
Im fernen Reich der Träume …

Wie Etty auf dem Mülleimer sitzen und von einem Gedicht leben können. Und ich höre und spüre in mir eine vertraute Gebärde: das Gesicht in den Himmel heben.

Doch weil ich leb,' wend' ich ins Licht,
in seine Wunder mein Gesicht
und will den Tag gewinnen!

AUS ARNO PÖTZSCH: TAGESANBRUCH

Später sitze ich am Schreibtisch meines Vaters, um mich herum Kulturfahrplan und historische Fachbücher, Biografien und Briefsammlungen. Das Bild meines Großvaters steht da. Ernst und sehr warm seine Augen. Es ist das letzte Bild von ihm. Ahnte er beim Abschied, dass dies ein endgültiger war? Von meiner Großmutter hatte er sich immer wieder kleine Reclamhefte gewünscht zum Mitnehmen im Tornister, damit er sich an etwas halten konnte – und weil er wohl einsam war dort.

Ein Bild taucht schemenhaft vor meinem inneren Auge auf: In der Weite des russischen Landschaft, schlecht ernährt und völlig unzureichend gekleidet, sitzt mein Großvater an einen Birkenstamm gelehnt. Auch er findet in einem Büchlein etwas, was ihn tageweise rettet. Die karge Landschaft ist schneebedeckt, mein Großvater sieht sie nicht. Er schaut nicht in den Himmel und nicht in das Land, er beugt sich über ein kleines Heftchen mit klassischer Literatur, die ihn ernährt. Ist das mein spät angetretenes Erbe: schreibend zu verstehen und lesend mir Kraft zum Leben holen?

Rainer Maria Rilke

Ich lese es heraus aus deinem Wort

Ich lese es heraus aus deinem Wort,
aus der Geschichte der Gebärden,
mit welchen deine Hände um das Werden
sich rundeten, begrenzend, warm und weise.
Du sagtest leben laut und sterben leise
und wiederholtest immer wieder: Sein.
Doch vor dem ersten Tode kam der Mord.
Da ging ein Riss durch deine reifen Kreise
und ging ein Schrein
und riss die Stimmen fort,
die eben erst sich sammelten,
um dich zu sagen,
um dich zu tragen
alles Abgrunds Brücke –

Und was sie seither stammelten,
sind Stücke
deines alten Namens.

6

Sich an den Grenzen verwandeln lassen

7. Juli 1942

Ich will nun wieder an den vielen Grachten entlanggehen und versuchen, innerlich ganz still zu werden, und in mir auf das hören, was dort wirklich geschehen ist. Ich werde mich an diesem Tag noch sehr verwandeln müssen.

5. September 1942 im Krankenhaus Amsterdam

Vielleicht war alles zusammen doch ein wenig zu viel, mein Gott. Ich werde jetzt daran erinnert, dass ein Mensch auch einen Körper hat. Jetzt spüre ich, wie viel Du mir zu tragen aufgegeben hast, mein Gott. So viel Schönes und so viel Schweres. Dass ein kleines Menschenherz so viel erleben kann, mein Gott, so viel erleiden kann und so viel lieben.

Du stellst mich vor Deine letzten Rätsel, mein Gott. Ich bin dankbar, dass Du das tust. Ich habe auch Kraft für diese Herausforderungen und weiß gleichzeitig, dass es keine Antwort gibt. Man muss Deine Rätsel aushalten können. Ich habe erfahren, dass alles Schwere in Gutes verwandelt werden kann, wenn man es erträgt.

»Vorwegnehmen«. Dafür kenne ich nur den deutschen Begriff. So, wie ich seit gestern Abend nun hier liege, verarbeite ich wohl etwas von dem vielen Leiden, das weltweit verarbeitet werden muss. Dabei räume ich sicher schon im Voraus etwas vom Leiden des kommenden Winters auf die Seite. Das gelingt natürlich nicht auf ein Mal. Heute wird ein schwerer Tag für mich werden. Ich bleibe einfach still liegen und nehme etwas vorweg von den schweren Tagen, die noch kommen werden.

25. Juli

In der Nacht wird es mir zu viel, alles zu viel, ich bin hilflos und will mich schützen und weiß nicht, wie. Gebetsfetzen versuche ich um mich zu schlingen wie einen Schutzmantel. Doch die sorgendunklen Angstgedanken kriechen durch. Bin ich denn nicht umhüllt von Gottes Barmherzigkeit? Warum kann ich das nicht festhalten, greifen? Warum tut es so weh?

Nicht kann mich trennen, unterbrechen, verdunkeln, wegreißen: keine Macht, keine Angst vor dem, was kommt, nicht Tod, nicht Leben, sagt die Erinnerung an gute Worte aus der Heiligen Schrift. Lähmend dringt die Angst durch meine Sorgenlöcher und macht mich so klein. Ich will schlafen, es soll aufhören und kann nicht.

Steh auf!, sagt eine Stimme, die den Panzer durchbricht. Steh auf, geh in das Kommende, nur so verwandelt sich das Dunkel ins Licht.

Ich atme ruhiger, ich spüre den Boden, trinke kaltes Wasser, spüre den anbrechenden Tag. Ich muss gehen, wandeln für dieses unbegreifliche Verwandeltwerden. Durchgehen. »Ins Helle Pilgern ohne Angst«, so endet ein Gedicht, an dessen Anfang ich mich nicht erinnere.

Es ist genug zu wissen, wohin das Gedicht führt: Ich laufe los. Der Tag wird schwer und doch leicht, seltsam anders am neuen Ufer auf der anderen Seite.

16. August

Die Nächte werden ruhiger, aber heute Nacht: abgrundtief eine Leere, es ist wieder alles weg! Kein Wort da, keine Kraft zum Aufstehen, keine Hilfe! Ich verkrieche mich und mache mich winzig klein. Träume kann ich nicht erinnern, nur eine diffuse Bodenlosigkeit. Der ganze Tag ist Mühe, mein Bauch krampft sich zusammen, mir ist schlecht. Ich laufe durch, stolpere weiter, reagiere und antworte. Nach einer Weile ist das Leben da, einfach so, eingeschlichen, wiedergekehrt. Keine Ahnung, woher.

24. August

Hochsommerliche Temperaturen draußen, schwüle Luft, Gewitterneigung.

Mit Mitschwestern gehe ich in der Pause im Baggersee schwimmen – da wird es ganz hell und leicht: eintauchen ins lebendige Wasser, Schilf am Ufer, Himmel darüber. Ich bin lebendig, spüre mich rundherum, schwimme weit und bin im Element, das gleich vom Himmel berührt ist.

Ich bin erfrischt und hell und klar bis zum Abend.

Nach der Komplet singen wir – wie immer – ein Taizélied, in dieser Woche: In manus tuas, pater, commendo spiritum meum (In deine Hände, Vater, befehle ich meinen Geist). Erst einstimmig, dann mehrstimmig – da geschieht es: ein warmer voller Klang füllt den Kirchenraum, gute tragende Männerstimmen und darüber wir Frauenstimmen. Es sind nicht viele Gäste in der Kirche, aber wir sind ein tragender Chor. Jetzt ist es da.

Ich bin ganz sicher, ganz warm geborgen. Mich anvertrauen im Mitsingen, hingebend mich anvertrauen. Das Lied wohnt tief im Beckenraum, ich knie nieder bei diesem Abschlussgesang, meine Hände lege ich ineinander, wie es mir seit Jahren vertraut ist, wir eine Schale. Das ist meine Meditationsgebärde: Die Linke ruht in der Rechten, so wie meine Seele in Gott – darf ich das so sagen?

Nicht fragen, kleine Seele, nicht fragen, einfach tun. Hände formen Schale, Seele ruht in Dir.

Heute habe ich keine Angst vor der Nacht, nach dem abendlichen Gewitter stand ein Regenbogen am Himmel. Gute Nacht, kleiner Seelenvogel!

Nächster Abend

Mancher Zusammenhang kommt mir später in den Sinn, im Rückschauen oder plötzlich auftauchend. Sinnend erfahre ich Sinn, nie im Voraus. Da stellt sich die Angst verdunkelt. Meine »Goldkörnchen« von Weisheitserfahrung finde ich meistens hinterher. Wie Mose in der Felsspalte, der Gott nur von hinten her schauen darf, im Vorübergang zeigt sich Gottes Güte und von der Rückseite ist ER zu erkennen. Goldfunken im Staub des Alltags, ich liebe die chassidischen Erzählungen, die davon erzählen. Da spiegelt sich die spirituelle Grundhaltung der Heiligung des Kleinen, mitten im Alltäglichen. Immer Geschenk und wohl auch selten, also besonders kostbar. Ich bin sowieso zu müde, um die Augen offen zu halten.

Gut, du kleine Wüstenblume, dann lebe genügsam von Überraschungen. Vertraue, dass immer etwas geschieht, Du brauchst nicht zu wissen, wie.

Ewigkeits-Sonntag, 25. November

Ein besonderer, ausgesetzter Tag in der Zeit. Wie ein Fluss strömt die Zeit dahin, wir sind darinnen eingetaucht und verstehen nicht, wie es geschieht. Was ist das überhaupt: Zeit? Und dann Ewigkeit? Je länger ich in den biblischen Texten wie in Räumen wohne, desto mehr verlasse ich meine alten Bilder. Ewigkeit hat vielleicht nur wenig mit Zeit zu tun, eher mit Da-Sein, völlig eingetaucht und umhüllt und präsent. Und wenn mich ein Hauch davon berührt, dann bin ich schon darinnen: in der Ewigkeit, dieser anderen Welt, diesem Dazwischen.

Es macht mich mir selbst fremd, es greift mich auch an, kräftemäßig, ich kann nicht lange zuhören in der Predigt. Mir wird alles sehr dicht.

»Können Sie durch die Übung des Meditierens auch willentlich dissoziieren?«, fragte mich mein Arzt. Ja, selbstverständlich, es ist ganz leicht für mich: hinübertreten in den anderen Raum. Das Zurückkommen ist viel schwieriger, und darum erlaube ich es mir nicht im öffentlichen Gottesdienst. Obwohl ›es‹ mir doch immer wieder geschieht: Da stehe ich während der Einsetzungsworte bei der Abendmahlsfeier, bin dem Altar zugewandt. Mit einem kleinen unhörbaren Sprung geht die Tür auf. Die Einsetzungsworte haben das Schloss geöffnet: »... denn es geschah in der Nacht, als Jesus übergeben wurde, da ...« Da ist die Tür schon offen, ich bin mitten drinnen im Abendmahlssaal, in einer Verbundenheit, die über die Welt- und Zeitgrenzen hinausreicht.

Die Wirklichkeit holt mich zurück, ein Geräusch, eine Bewegung. Heute sagen Menschen: »Da hatte ich einen Filmriss«. Ja, den habe ich auch.

Es tröstet und beunruhigt mich zugleich, diese dünne Wand dazwischen und auch, dass ich es nicht immer kontrollieren kann.

Als 11-jährige Schülerin besuchte ich das ehemalige KZ Flossenbürg, als Erwachsene Dachau und mehrmals YadvaShem in Jerusalem: Jeder dieser Orte ist so furchtbar, dass ich mir nicht sicher bin, ob ich da durchkomme. Äußerlich schon, aber ich habe Angst, dass meine Seele zerbricht. Ich habe panische Angst, dass ich das grauenhafte Leid nicht aushalten kann. Entweder muss ich mich steinhart machen oder es tut innen etwas so furchtbar weh, dass ich stundenlang »woanders« bin. Da bin ich abgetaucht und unten an einem tieftiefen Ort des Leidens. Ich habe grauenhafte Angst davor, dass ich den Rückweg nicht finde.

Jetzt wird es mir sogar beim Schreiben ganz eng. Ich höre jetzt auf, unterbreche. Manchmal ruft bei uns gerade dann die Glocke zum Beten, wenn ich es nicht brauchen kann. Es ist aber noch zu früh am hellen Vormittag. Da werde ich selbst mich unterbrechen und hinauslaufen an die frische Luft. Heute liegt seit Tagen endlich einmal kein Nebel über dem Berg. Die Sonne ist durchgebrochen, sie wird den Schnee schmelzen und das Dunkel vertreiben. Ich halte mich ins Licht.

Julinächte

Schwüle heiße Nächte und bleierne Müdigkeit beschweren mich. Wie soll ich da mich entgegenstemmen, woher kommt wir Kraft? Mühselig komme ich aus dem Bett. Liegenbleiben ist nicht gut, Aufstehen geht auch nicht. Der klösterliche Rhythmus holt mich aus der Entscheidungsunfähigkeit heraus: Es ist Zeit fürs Morgengebet. Ich trete vor die Tür und bleibe gebannt stehen: Vor einer gewitterdunklen Wolke steht ein Regenbogen, er berührt die Wiese und steigt auf in den Himmel. *Meinen Bogen habe ich in die Wolken gesetzt,* spricht der Ewige und setzt Zeichen ein für Seinen Bund – er wird nicht aufhören, nie! Verbunden bleiben in Gottes Treue, Stehen unter dem Bogen des Schöpfers, der Wolken und Licht verwandelt in alles, was wir zum Leben brauchen. Tiefe Verneigung. Danke!

Mittwoch morgen

Ich erwache und habe einen kleinen Gesang auf den Lippen, einen kleinen Kanon. Es singt in mir leise und ganz klar. Hat das Lied die ganze Nacht über in mir gesungen? Schläft da ein Lied in allen Dingen, auch in mir? Es summt weiter: Da pacem, Domine – Gib, Frieden, Gott, ja Frieden!

Nur für heute: Deine Friedensstimme in mir klingen lassen, Gott! Was für ein seltsames Zeichen – und doch: Es war schon da, bevor ich erwachte, jetzt bin ich mir ganz sicher!

Frieden ist innen, nicht außen. Frieden wohnt innen vor allem, loslassen dürfen und hinuntersinken in Gottes Frieden – und Aufstehen ins Leben! Also, auf, lauf in den Tag, Friederike! Mein Name ist Zuspruch, das haben meine Eltern sich sehr gewünscht. Und nun: Geh hinein in den Tag, lauf ins Helle, suche den Frieden!

Sonntagmorgen

Sonntage waren mir in Zeiten der Depression immer besonders schwer. Alles schien außer Takt zu geraten, nicht einmal der banale Alltag war noch da, um mich daran festzuhalten. Im Morgengebet singen wir immer den 30. Psalm, der endet mit:

Da hast mein Klagen verwandelt in Reigen.

Heute ist Licht und Klarheit in mir und in meiner Welt, dennoch warte ich immer im Sonntagsmorgengebet auf diesen Vers, und heute entzückt mich eine kleine Verwandlungsszene: Im Gebälk vor der Kreuzgangtür brütet ein Rotkehlchenpaar. Heute früh sind sie aus dem Nest, zwei Kleine hocken noch am Boden und tschilpen laut, helle Aufregung in der Vogelfamilie. Alle Psalmen, die wir singen, sind durchdrungen von Vogelzwitschern und Klang, wir Schwestern lächeln. Ein neues Leben ist herausgeflogen, hüpft und fliegt in die Freiheit. Alles ist verwandelt.

O mein Gott, behüte das kleine Leben! Wir alle singen Dir heute dies wunderschöne Morgenlob im Jubel der Schöpfung.

Dienstag, spätabends

Zum Geburtstag hat sich unsere jüngste Schwester Gedichte von Rainer Maria Rilke gewünscht, so erhält sie handgeschrieben einen kostbaren Schatz. Ich schenke ihr ein Gedicht, das ich für sie abschreibe aus meinem Herzen, weil ich es längst auswendig und inwendig trage, ich schreibe aus dem Herzen.

Ist das Geburtstagskind auch wie Etty, die in einem geschützten Winkel sitzt und Rilke liest? In ihrem Wesen ahne ich ein stilles, tiefgründiges Wissen. Wir werden sie in zwei Wochen als Novizin aufnehmen, und dazu bekommt sie ein neues, eigens genähtes Gewand, ein helles Gebetsgewand. Sie ist schon jetzt glücklich nach der ersten Anprobe und freut sich in einer Zartheit, die mich ganz traurig macht. Möge Gottes Liebe sie zärtlich umhüllen wie ein Gewand, wie ein zarter Schleier, wie der schweigende Windhauch selbst!

Rainer Maria Rilke

Sei still

Vor lauter Lauschen und Staunen sei still,
Du mein tieftiefes Leben,
dass Du weißt, was der Wind will,
eh' noch die Birken beben.
Und wenn Dir einmal das Schweigen sprach,
lass Dich lieben und wiegen.
Und dann meine Seele,
sei weit, sei weit,
dass Dir das Leben gelinge
Breite Dich wie ein Feierkleid
über die sinnenden Dinge.

7

Liebende werden trotz allem

September 1942

Du hast mich zum Dichter gemacht und ich werde geduldig darauf warten, bis die Worte in mir gewachsen sind, mit denen ich alles bezeugen kann von dem, was ich bezeugen muss, mein Gott. Dass es schön ist, in Deiner Welt zu leben, trotz allem, was wir Menschen einander antun.

Das denkende Herz der Baracke.

Mittwoch morgens 9 Uhr

Oftmals wenn ich in Westerbork mit den lauten, streitsüchtigen und viel zu bedeutsamen Mitgliedern des Jüdischen Rates zu tun hatte, dachte ich: Ach könnte ich doch ein Stückchen Seligkeit für euch sein, ein Gefäß für das Bessere, das sicher auch in jedem von euch wohnt. Ich brauche dazu gar nicht viel zu tun, nur da zu sein. In jedem dieser Menschen spürte ich manchmal eine Bewegung, einen Blick, der sie über sich selbst hinauswachsen lässt, was ihnen dann selbst gar nicht bewusst ist. Ich fühle mich wie ihre Hüterin.

Manchmal bricht sie, wie gerade jetzt, plötzlich in lodernden Flammen aus mir heraus: die Dankbarkeit über alle Freundschaft, den besonderen Mann und das vergangene Jahr. Überwältigende Dankbarkeit.

Eine Seele ist wie aus Feuer und Bergkristall gemacht. Etwas Strenges, alttestamentlich Hartes. Gleichzeitig aber auch so zart wie die Gebärde, mit der seine Fingerspitzen meine Wimpern berührten.

Wenn ich mit den Wehrlosen leide – leide ich dann nicht auch mit dem Wehrlosen in mir selbst?

Man möchte so gern Verband für viele Wunden sein.

Donnerstag, 14. November, frühmorgens

Nebliger Tagesanbruch, doch mild, feuchte Nebeltröpfchen auf meiner Haut. Ich laufe in den beginnenden Tag, da höre ich einen Vogel singen! Eine kleine Kohlmeise zwitschert laut und ruft und ruft. Sofort ist es da, ein helles, jubilierendes Frühlingsgefühl, das erwachende Leben, die neue Kraft. Alles ist anders, wie seltsam. Ein kleiner Vogel, der so viel in mir wachruft. Ich finde diesen Morgen wunderschön, ich spüre das Leben und eine Wärme in mir.

Mir ist, als ob ich heute allen Menschen gut sein kann, auch denen, über die ich mich gestern heftig geärgert habe. Heute kann ich das Leben nehmen, wie es kommt: Menschen fühlen, sprechen, handeln, ich verstehe oft nicht, warum. Das ändert nicht meine Grundhaltung zu ihnen. Wenn ich doch dies Geschenk zum Tagesbeginn einpacken könnte in eine kleine Dose!

Mir ist Etty ganz nah, da gibt es auch einen Tagebucheintrag, wo sie es ähnlich beschreibt. Inzwischen glaube ich, wir beide sind verwandt, seelenverwandt. Im irisch-keltischen Kulturkreis gibt es dieses Wissen um tiefe Verbundenheit zwischen zwei Menschen, die sich im Tiefsten erkennen: Anam cara ist das keltische Wort dafür. Ob es Seelenfreundschaften auch über die Zeiten hinweg gibt? Ich habe Etty nie kennengelernt, manche Sätze jedoch aus ihren Tagebüchern weiß ich auswendig und inwendig in mir wie manch eigene. Eingewohnte Worte, Gedichte, Bibelverse trage ich in mir, seit ich im ununterbrochenen Gebet der Psalmen wohne. Da gibt es Verse, die sind so in mich eingesunken, dass sie nicht mehr verloren gehen. Manchmal – am helllichten Tag oder mitten in der Nacht – tauchen Verse aus meinem Inneren auf, oft verbunden mit der gregorianischen Melodie. Die wichtigsten

Worte sind immer mit Klang zu mir gekommen, darum wohnen sie wohl auch so tief. Unverlierbar und unvergesslich ist mir ein Chorsatz aus dem Magnificat von Johann Sebastian Bach. Als Studentin sang ich in einem kleinen Chor mit, wir probten leidenschaftlich gerne und in vertrauter Zusammengehörigkeit des verbindenden Musizierens. In wundersamer Gebärde hat Bach den Text vertont: Suscepit Israel: Der HERR nimmt sich seines Volkes Israel an.

Donnerstagabends

Jetzt hat es den ganzen Tag über in mir gesungen: das Suscepit aus dem Bach'schen Magnificat. Wie eine geheimnisvolle, wunderbare Filmmusik tauchte das Motiv auf zu den verschiedensten Gelegenheiten. Ich muss noch Worte finden dafür, sonst werde ich nicht einschlafen können.

Ich höre es wieder mitten im Chor, die vier Stimmen singen einander entgegen, ein aufsteigender Bogen im Alt und die Antwort von oben im Sopran. Der künstlerisch begabte Chorleiter, der eh in seiner Musikwelt mehr zu Hause war als im praktischen Leben, beschrieb uns die erbarmende Zuwendung in der Musik. Da ging es mir plötzlich auf wie ein Durchgehen in eine neue geistliche Welt. Ich kann es jetzt noch mit allen Fasern spüren. Das warme, fließende Erbarmen Gottes steigt auf und nieder, strömt und durchdringt mich. Es ist immer noch in mir. Das Suscepit singt in mir mit ganzem Leib und ganzer Seele: heute würde ich es als Gotteserfahrung beschreiben, im vertrauten Gespräch, in dem das Ringen um Glaubensworte respektiert wird. Damals als 23-jährige Studentin der Medizin nahm ich es wie ein Wunder, über das ich besser nicht spreche. Das ist gut so, etwas so

Kostbares aus Gottes Welt in mir will nicht mit Wörtern eingeholt und eingeengt sein. Sogar jetzt, wo ich es schreibe, will ich dies Wunder schützen: Bitte nicht anrühren, möchte ich denen sagen, die es lesen werden: Sei behutsam!

Es ist so groß!

Rainer Maria Rilke

Da neigt sich die Stunde

Da neigt sich die Stunde und rührt mich an
mit klarem, metallenen Schlag:
Mir zittern die Sinne. Ich fühle: ich kann –
und ich fasse den plastischen Tag.

Nichts war noch vollendet, eh ich es erschaut,
ein jedes Werden stand still.
Meine Blicke sind reif, und wie eine Braut
kommt jedem das Ding, das er will.

Nichts ist mir zu klein und ich liebe es trotzdem
und mal es auf Goldgrund und groß,
und halte es hoch, und ich weiß nicht wem
löst es die Seele los ...

8

Der Sinn: Gott retten

Wie groß ist doch die innere Not deiner Geschöpfe auf dieser Erde, mein Gott. Es genügt nicht, von dir nur zu predigen, man muss dich in den Herzen der anderen erst aufspüren. Manchmal kommen mir die Menschen vor wie Häuser, deren Türen offen stehen. Hier kann ich eintreten, mich in Gängen und Räumen umsehen. Aus jedem Einzelnen sollte eine Dir geweihte Stätte entstehen, mein Gott. Und ich verspreche Dir aus tiefstem Herzen, dass ich in so vielen Wohnungen wie möglich nach Unterkunft für Dich Ausschau halten werde. So merkwürdig das auch klingen mag: Ich gehe meinen Weg und suche Wohnraum für Dich. Es gibt so viele leer stehende Häuser, die ich Dir als wichtigstem Ehrengast darbieten möchte. Verzeih mir dieses nicht besonders geistreiche Bild.

11. Juli 1942

Über die letzten und tiefsten Dinge des Lebens darf man nur sprechen, wenn die Worte so einfach und natürlich hervorquellen wie Wasser aus einer Quelle. Und wenn Gott mir nicht weiter hilft, dann werde ich Gott wohl helfen müssen. Über die gesamte Erdoberfläche breitet sich allmählich ein riesiges Lager aus, dem kaum jemand entkommt. Es ist aber keineswegs so, dass ich gelassen lächelnd meinem Untergang entgegengehe. Nein, das wirklich nicht! Vielmehr umgibt mich ein Gefühl des Unabwendbaren, das akzeptiert werden muss aus dem Wissen heraus, dass uns schließlich nichts erspart werden kann. Was immer ich geben kann, das ist mir überall möglich: im Freundeskreis oder auch in einem Konzentrationslager.

Sonntagmorgengebet

Es sind so schlimme Zeiten, mein Gott. Heute Nacht lag ich zum ersten Mal mit brennenden Augen schlaflos im Dunkeln und viele Bilder von menschlichem Leiden zogen an mir vorbei. Eines verspreche ich Dir, es ist nur eine Kleinigkeit: Ich werde meine Sorgen um die Zukunft nicht wie bleischwere Gewichte an den Tag hängen, der heute ist. Das kostet wohl noch einige Übung. Jeder Tag hat in sich selbst genug. Ich werde Dir helfen, mein Gott, dass Du in mir nicht untergehst. Wohl kann ich nichts im Voraus garantieren. Eines aber wird mir immer deutlicher: Dass Du uns nicht helfen kannst, dass vielmehr wir Dir helfen müssen. Und dadurch helfen wir uns dann selbst.

Das Einzige, worauf es jetzt ankommt: Einen Teil von Eir in uns selbst zu retten, mein Gott. Vielleicht wird es dadurch auch möglich, Eir in den gequälten Herzen anderer Menschen wieder ans Licht zu helfen.

Brief aus Westerbork vom 18. August 1943

Nein, ich kämpfe nicht mit Dir, mein Gott. Mein Leben ist vielmehr ein großer Dialog mit Dir. Vielleicht werde ich nie so eine große Künstlerin, wie ich das am liebsten wäre. Dafür bin ich besonders tief geborgen in Dir, mein Gott. Manchmal möchte ich kleine Weisheiten und bewegende Geschichten in Worte einfangen. Doch komme ich immer wieder auf das eine zurück: GOTT. Darin ist alles enthalten, mehr gibt es dann nicht mehr zu sagen.

Am Abend

Mein geistliches Begleitgespräch ist ein vertrauter Dialog. Wir suchen gemeinsam nach Gottes Wegen und Zeichen: Gott lehrt mich viel und ich lerne nicht leicht. Immer wieder glaube ich, dass ich es gut machen, ich allein es durchstehen und machen muss: mein Amt, meine Sorge um erkrankte Schwestern, die ältesten Schwestern zart und liebevoll im Sterben begleiten und mit den jungen Schwestern die Zukunftshoffnung wach halten. Mir geht vieles so nahe, und immer wieder nehme ich es mir zu Herzen. Da lege ich mir sorgende Gedanken selbst auf mein Herz und denke nicht einmal daran, dies alles Gott zuzumuten, IHM, dessen Herz doch größer ist und weiter und voller Güte. Ich finde mich weiterhin wichtig und ich nehme mich wichtig. Manchmal lachen wir beide, mein Begleiter und ich, wie ernst wir uns doch nehmen und was Gott wohl sich demnächst ausdenken mag, um uns Menschenkinder nah zu kommen. Mir kommt ein Wort von Mechthild von Magdeburg in den Sinn, aus ihrem kostbaren Buch »Das fließende Licht der Gottheit«: *»Herr«*, sagt sie, *»diese Last ist mir zu schwer. – Ich will sie mir so nahe legen, dass du sie wohl tragen kannst.«*

Wie nah will Gott mir kommen, um mit mir gemeinsam Schweres zu tragen? Da kommt ER mir näher als im gesuchten Gegenüber, näher als im Segen und im leuchtenden Angesicht. Ich liebe die Gottesbilder vom Angesicht und zugewandtem Wesen, aber bleibe wohl in dieser Dimension haften. Wenn Jesus uns einlädt, zu ihm zu kommen und darauf zu vertrauen, dass er mit uns das Joch trägt, dann spricht er von den hölzernem Jochbogen seiner Heimat: zwei Zugtiere bekamen das Joch übergelegt, mitsammen zogen und trugen sie, eines neben dem anderen. Wieder alles ganz anders!

So eine völlig andere Sicht begeistert mich, ganz anders und so einfach.

Und wieder nehme ich aus dem Gespräch eine kleine Übung mit:

Abends die Aufgaben und Sorgen in Gottes Hand legen und morgens gemeinsam die Last aufnehmen und mitsammen gehen durch den Tag.

Gute Nacht, Du kleines Sorgenkind, lass los, gib zurück, was nicht zu Dir gehört! Vertraue, schlafe, sing Dein Lied von der Gegenwart Gottes, schlaf gut!

Mittwoch abends, 28. November

Gestern in unserer Konferenz, der gemeinsamen Zeit, die wir Schwestern uns jede Woche frei halten für Austausch, Bibellernen und Gespräch, da habe ich nochmals den Vers aus Offenbarung 21 mitgebracht, der mich so beschäftigt:

Siehe, da die Hütte Gottes bei den Menschen!

Wir lasen einander verschiedene Übersetzungen vor und das allein war schon spannend: Hütte oder Behausung, Zelt oder Wohnung?

Wo erfahre ich, dass Gott sich einwohnt? Und auf einmal wurde es still und warm im Raum, als ob ganz leise da schon ein Engel eingetreten wäre.

Welches Bild trage ich mir von Gottes Wohnung? Und dann sagte eine Schwester berührt: Im Gottesdienst, da ist sie, da wohnt er mitten unter uns. Und dann fügte eine andere hinzu: Gegenwart. Stille Präsenz im Raum. Leise aus einer Ecke: In mir selbst wohnt ER. Und so fügten sich wundersam Bilder und Erfahrungen aneinander: Gegenwart Gottes, wie er Wohnung nimmt in Brot und Wein und Wort. In einer wahrhaftigen Begegnung. Unter dem hohen Baldachin unserer St. Michaelskirche.

Montag, 4. August

Im Etty-Hillesum-Center in Deventer stehe ich vor den Bildern einer zerstörten Welt. Schwarz-weiß-Fotos von Kindern in den Kleidern des beginnenden 20. Jahrhunderts, bildhübsche Lockenköpfe mit großen Kinderaugen, das lachende Glück eines Hochzeitspaares, ein kleines Poesie-Album mit Blumenbildern – so wie ich eines hatte. Ich versinke in diese Bilderwelt und tauche zugleich ein in eigene Erinnerungen. Es tut weh vor Glück oder Schmerz, ich weiß gar nicht, was da so ziehend in mir spricht. Leben, leben, so unbeschwert und ahnungslos, auf den Bildern und in meinen Erinnerungsbildern von damals. Und jetzt: unendlich traurig und schwer. O Gott, mach meine Augen hell, dass ich in allem die Schönheit deiner Schöpfung sehe, in allem und trotz allem! Warum tut selbst Schönheit so weh? Ich schreibe mir die Worte auf, die Etty auf einer Karte aus dem Zug warf, ich verstehe sie ohne Übersetzung. Alles ist so unglaublich nah.

Mittwoch abends, 28. November

Im Segnungsgottesdienst tauche ich in eine andere Welt ein. Ich selbst bin Segnende. Eine schmaler Mann flüstert mir sein Anliegen zu, er kniet vor mir. Behutsam lege ich meine Hände auf seinen Kopf, unter mir birgt sich ein Menschenkind in meine Handflächen, mir wird ganz warm. Worte von weither fließen mir zu. Worte aus Gottes Barmherzigkeit und wirkender Kraft, Worte von der Nähe Jesu Christi, dem Menschensohn, der das Leid kennt und mit uns trägt. Berührende Worte, heilsame Worte. Eine junge Frau auf der Suche nach ihrem Platz hält ganz still und lässt den Segen zu sich kommen. Wir neigen einander die Stirn zu und bilden so einen kleinen Raum zwischen uns.

Dazwischen geschieht es, oh! Die Frau wird ganz hell und aufrecht. Sie flüstert mir ein kleines Danke zu und sagt:
Ich habe in Gott meinen Ort! Ich flüstere zurück: Er geht niemals verloren!

Wir beide sind gesegnet und beschenkt. Heute bin ich sehr glücklich und erfüllt und ganz warm. Was für ein wunderbarer, sicherer Ort ist unsere Kirche, unsere Gottesdienste und dieser Raum des Segens.

Montag, 17. Dezember

In unserer Gemeinschaft haben wir den Brauch, uns selbst und einander vor Weihnachten einen Tag der Stille zu schenken. Wir sind dann immer sehr ›aufgeräumt‹, alle drängenden Vorbereitungen sind schon erledigt oder sie können noch einen Tag warten. Wir finden es besonders schön, im Schweigen miteinander im Ordenshaus zu sein, wir begegnen einander, nicken uns achtsam zu: Ich sehe dich und ich hüte mit dir den Raum deiner Stille!

Am Abend zuvor gebe ich meinen Schwestern einen Impuls für den Einkehrtag, einige Worte oder ein Bild zum Mitnehmen, Betrachten, Verweilen.

Eine Zeichnung lässt mich nicht los, seit Jahren schon. Und weil sie nun vor genau 70 Jahren angefertigt wurde – unter furchtbaren Bedingungen – und doch so viel Trost schenkt, darum habe ich sie diesmal ausgewählt: die Stalingrad-Madonna.

In den letzten Tagen habe ich dazu gelesen, was mir wichtig erschien zum Weitersagen. Schon wieder werde ich so durchsichtig und verletzlich, als komme mir das Leben und Leiden der anderen so nah. Der Maler des Bildes war Kurt Reubers. Er war Pfarrer und Arzt und zeichnete, um seiner Seele Ausdruck zu geben. Aus dem Kessel von Stalingrad schrieb er seiner Frau Briefe, um am Leben zu bleiben. In den Worten seiner Briefe wird das Leiden der russischen hungernden Menschen bedrängend geschildert. Kurt Reubers kam in russische Gefangenschaft und starb im Februar 1944 im Lager Jelabuga.

Zu Weihnachten 1942 malte er ein Geschenk für seine Kameraden, hinten auf einer russischen Landkarte, man sieht die Falten.

Er hatte kaum Material und Platz und nicht genügend Licht. Er malt seine Botschaft, wie Lukas, der Evangelist, der nach orthodoxer Tradition als Ikonenmaler dargestellt wird. Kurt Reubers leidet und teilt alles mit seinen deutschen Kameraden, hungernd und krank vor Heimweh und Sehnsucht nach Frieden.

Ich will diese Nacht nicht vergehen lassen, ohne wenigstens ein paar Worte an Dich geschrieben zu haben. – Aber auch dazu bin ich nicht mehr fähig. Es ist beinahe Mitternacht, und ich bin von vorausgegangener Arbeit und Schlaflosigkeit, von allem, allem, vom Wechselspiel dieser Tage und Stunden so todmüde und abgespannt, dass ich wirklich fast umfalle …

BRIEF AN SEINE FRAUVOM 24. DEZEMBER

So schreibt er nach Weihnachten weiter:

Ich habe lange bedacht, was ich malen sollte – und herausgekommen ist eine ›Madonna‹ oder Mutter mit Kind … Kind und Mutterkopf sind einander zugeneigt, von einem großen Tuch umschlossen, Geborgenheit und Umschließung von Mutter und Kind. Mir kamen die johanneischen Worte: Licht, Leben, Liebe. Was soll ich dazu noch sagen? Wenn man unsere Lage bedenkt, in der Dunkelheit, von Tod und Hass umgeben – und unsere Sehnsucht nach Licht, Leben, Liebe, die so unendlich groß ist in jedem von uns!

Wir Schwestern waren abends lange in der Kirche im Schweigen, vor und nach dem Impuls. Wir beten die Komplet, ich knie nieder in meinem Gewand, das mich umhüllt wie ein Mantel. Ich bin ganz sicher und warm, nichts kann mich herausholen aus dieser Umhüllung, aus Gott. Nah sind die Tränen, die furchtbaren Geschichten, die Kälte der russischen Landschaft und gleichzeitig und doch: Ganz nah und sicher ist Gottes Erbarmen in unserer Mitte. Ich könnte es anfassen mit meinen Händen wie ein warmes Tuch oder ein Fell. Es ist da und doch nicht zu fassen und sehr, sehr stark. Wir sind berührt von Gottes Mantelsaum.

5. August

Ich bin durchs Lager Westerbork gelaufen, es ist so groß. *Das ist etwas sehr Großes,* sagte mein Therapeut und machte mir Mut, mich dem zu stellen. Westerbork ist das Ende meiner Reise auf Ettys Spuren. Davor hatte ich am meisten Angst. Ich hatte Angst davor, dass das namenlose Grauen der Vernichtungsmaschinerie der Nazis mich packt und verschlingt. Dass ich untergehe, weil Schatten nach mir greifen, denen ich hilflos ausgesetzt bin. Schatten und Schuld der Generation meiner Großeltern.

Das Lagergelände liegt ganz offen unter weitem Himmel. Unendlich viel Menschen haben hier gelebt, gehofft, gelitten und gesungen – jetzt sind sie fort. Sieben große Teleskop-Schüsseln stehen heute außerhalb der Lagerzone und weisen wie halboffene Schüsseln in den Weltraum. Die Führerin des Erinnerungszentrums erzählt in Holländisch – und wieder brauche ich keine Übersetzung, ich verstehe es so, es liegt ja alles vor Augen. Jedes Jahr am 4. Mai, am Tag der Befreiung der Niederlande durch die Truppen der Alliierten, wird auch hier der Opfer des Krieges und der Verfolgung gedacht. Wir stehen auf dem Platz der Erinnerung, Zehntausende von Steinklötzen stehen da in abgeteilten Blöcken wie zum Appell. Kleine Sterne auf manchen und auch Bilder, Menschengesichter, alte und junge. Unfassbar die Zahl: 120 000 Menschen wurden von hier aus deportiert in die Vernichtung.

»Am Gedenktag«, sagt die Führerin, sie ist Jüdin, »da werden die Teleskopschüsseln vom Astronomie-Institut gedreht: Dann beugen sich die riesigen Schüsseln zu Boden, sie neigen sich, wie ein trauernder Mensch mit gebeugtem Kopf dasteht, sie trauern.

Wir schweigen, wir haben keine Worte, wir blicken betroffen zu Boden.

Wir alle, die da stehen und nichts verstehen können, wir beugen unsere Köpfe und bleiben, Augen-Blicke ohne Blicke. Unendliche Trauer. Der ganze Kosmos weint. Es ist etwas ganz Großes, das Leid und die Liebe.

Draußen vor dem Lagergelände muss ich allein sein, ich

finde einen Felsbrocken am Rand, die Sonne glüht herunter, flirrendes Wüstenbild.

Ich mache mich ganz klein, hocke wie verloren auf dem Stein und hole das abgegriffene Taschenbuch *Das denkende Herz* aus meinem Rucksack. Ich blättere von hinten her und halte in der Mitte inne:

Es geht um unseren Untergang und unsere Vernichtung, darüber sollte man sich keinerlei Illusionen machen. Gut, diese neue Gewißheit, daß man unsere totale Vernichtung will, nehme ich hin. Ich arbeite und lebe weiter mit derselben Überzeugungskraft und finde das Leben sinnvoll, trotzdem sinnvoll, auch wenn ich mir das kaum noch in Gesellschaft zu sagen getraue. Das Leben und das Sterben, das Leid und die Freude, die Blasen an den wundgelaufenen Füßen und der Jasmin hinterm Haus, die Verfolgung, die zahllosen Grausamkeiten, all das ist mir wir ein starkes Ganzes, und ich nehme es als Ganzes hin. Ich möchte lange leben, um es später doch einmal erklären zu können, und wenn mir das nicht vergönnt ist, nun, dann wird ein anderer mein Leben von dort an weiterleben, wo das meine unterbrochen wurde, und deshalb muß ich es so gut und überzeugend wie möglich weiterleben bis zum letzten Atemzug, so daß derjenige, der nach mir kommt, nicht ganz von neuem anfangen muß und es nicht mehr so schwer hat. (3. Juli 1942)

Rainer Maria Rilke

Ich ließ meinen Engel lange nicht los

Ich ließ meinen Engel lange nicht los,
und er verarmte mir in den Armen
und wurde klein, und ich wurde groß:
Und auf einmal war ich das Erbarmen,
und er eine zitternde Bitte bloß.

Da habe ich ihm seine Himmel gegeben, –
und er ließ mir das Nahe, daraus er entschwand;
er lernte das Schweben, ich lernte das Leben,
und wir haben langsam einander erkannt …

Seit mich mein Engel nicht mehr bewacht,
kann er frei seine Flügel entfalten
und die Stille der Sterne durchspalten, –
denn er muss meine einsame Nacht
nicht mehr die ängstlichen Hände halten –
seit mein Engel mich nicht mehr bewacht.

Nachwort

Biografie Etty Hillesum

Esther Hillesum wurde als erstes Kind ihrer Familie am 15. Januar 1914 in der kleinen holländischen Stadt Middelburg geboren. Der Vater Levie Jacob (»Louis«) Hillesum hatte als junger Mann ein Stipendium für die Ausbildung zum Rabbiner bekommen, wurde dann aber in seiner Begeisterung für alte Sprachen Lehrer für Latein und Griechisch und unterrichtete am humanistischen Gymnasium in Middelburg. Im Jahr 1924 zog die Familie Hillesum nach Deventer um, wo Louis Hillesum Rektor des Gymnasiums geworden war.

Am Freitag, dem 29. November 1940 bekam er seinen Entlassungsbrief, in dem er »im Interesse der öffentlichen Ruhe und Sicherheit« seines Amtes enthoben wurde. In der Schulzeitung des Städtischen Gymnasiums Deventer wurde berichtet:

Mittags um halb zwei kam Hillesum in die Schule und hielt eine Ansprache. Er war nicht erfüllt von Hass oder Widerstand, sondern von innerer Ruhe. Er wies darauf hin, dass uns der Feind sehr viel nehmen kann, das Wichtigste aber könne er nicht berühren.

Etty schreibt über ihn in ihrem Tagebuch ein Jahr nach seiner Entlassung: »Mein Vater hat in späterem Alter all seine Unsicherheiten und Zweifel, wahrscheinlich auch seine körperlichen Minderwertigkeitsgefühle sowie seine Eheprobleme, die er nicht lösen konnte, durch eine philosophische Haltung kompensiert, die sicher echt war … liebenswürdig, humorvoll, schafsinnig – und auch wieder vage.«

Ettys Mutter Rebekka, geb. Bernstein, war gebürtige Russin und nach einem der Pogrome in ihrer Heimat als Flüchtling in die Niederlande gekommen. Etty charakterisiert sie als höchst emotionale und unausgeglichene Frau: »Mutter konnte einen zu purer Verzweiflung bringen. Die Ordnung, die Vater in der Schule so schätzte, herrschte zu Hause keinesfalls … Man bricht sich hier den Hals über ungelöste Konflikte, wechselnde Stimmungen – es ist ein unerquicklicher Zustand, der sich im äußeren Chaos des Haushaltes widerspiegelt. Dabei hält sich Mutter selbst für eine vortreffliche Hausfrau und geht allen mit ihrer Art der Haushälterei auf den Geist.«

Etty, so der holländische Rufname für Esther, hatte zwei jüngere Brüder: Michael (genannt Mischa) war ein hochbegabter Pianist, übersensibel und wiederholt nahe an der Grenze zu psychiatrischen Krankheiten. Jaap (für Jakob) hatte bereits als Jugendlicher wichtige Forschungsarbeiten in der Synthese von Vitaminen durchgeführt und wurde Arzt. Die Eltern Hillesum erzogen ihre Kinder in geistiger Weite; sie pflegten viele Kontakte zu bekannten Wissenschaftlern und förderten intensiv die intellektuellen und musikalischen Begabungen der drei Geschwister. Etty und ihre Brüder wurden nicht ausdrücklich im jüdischen Glauben und in den jüdischen Traditionen unterwiesen. Die Familie besuchte wohl nur zu den hohen Feiertagen die Synagoge. Gleichzeitig unterrichtete der Vater selbst seine Tochter in Hebräisch, sodass sie tiefe

Einblicke in die hebräische Bibel, in Geschichte und Glauben des jüdischen Volkes bekam.

Die hochbegabte Abiturientin studierte ab 1932 in Amsterdam Jura und nahm dann das Fach Slawistik dazu.

Im März des Jahres 1941 beginnt Etty auf Rat des Psychologen Dr. Julius Spier mit dem Schreiben ihres Tagebuches. Dicke Hefte mit einer kleinen, schwer leserlichen Handschrift füllt sie Tag um Tag. Zunächst geht es ihr um eine Form der Selbstanalyse, um ihre vielen ungeordneten Gedanken aufs Papier zu bringen. Gleichzeitig hat sie den Wunsch, Schriftstellerin zu werden, und so versteht sie ihre Tagebuchaufzeichnungen auch als Einübung in die Kunst des Schreibens.

In Ettys Aufzeichnungen spiegeln sich alle inneren Bewegungen einer jungen Frau, die in ihren Beziehungen zu Männern sehr intensiv lebt und sich frei auszudrücken wagt. Die Liebesbeziehung zu dem zwanzig Jahre älteren Julius Spier entwickelt sich zu einer intimen Freundschaft. Julius Spier war ein Schüler von C. G. Jung, führte Etty in seinen Freundeskreis ein und begleitete sie auf ihrem inneren Reifungsweg und in ihren geistlichen Fragen.

Seite um Seite füllt sie die Hefte mit alltäglichen Beobachtungen, ihren Stimmungen und Selbstzweifeln, nachdenklichen Beschreibungen und Fragen. Die Zunahme der Verfolgungen, der ängstigenden und zugleich unvorstellbaren Nachrichten aus den Konzentrationslagern belasten extrem die jüdischen Familien. Gleichzeitig erstarken in Etty eine neue Klarheit des Denkens und religiöse Fragen. In kleinen Bemerkungen eröffnet sie Einblicke in ihre tief empfundene Güte und aufbrechende Verzweiflung. Sie ringt leidenschaftlich um ihre Menschenwürde. Ettys Liebe zur russischen und deutschen Literatur wird ihr zu einer besonderen geistigen Kraftquelle. Sie lernt es, sich im Chaos ihrer Umgebung gleichsam in sich selbst zurückzuziehen.

Im Mai 1942 erhält Etty eine Stelle beim »Joodse Rat«, der von den deutschen Besatzern eingerichteten Selbstverwaltung der jüdischen Bevölkerung. Die jüdischen Mitarbeiter werden gezwungen, sich an der Organisation der Deportationen zu beteiligen; die Todesmaschinerie der deutschen Nazis läuft gnadenlos weiter. Etty erlebt diese beiden Wochen als Hölle, wie sie es selbst bezeichnet, und kündigt die Stelle. So verliert sie die – zunächst sicher erscheinende – Möglichkeit der Zurückstellung.

Da sie ihren Ausweis behält, kann Etty im August 1942, als auch sie den Aufruf ins Lager bekommt, noch öfters zwischen Westerbork und Amsterdam hin und her fahren. Sie versucht mit diesen Möglichkeiten Kontakte zum Untergrund zu knüpfen und schmuggelt dringend benötigte Kleidung, Lebensmittel und Informationen durch. Das Angebot von Freunden, sie zu verstecken, lehnt sie kategorisch ab. Sie fühlt sich zugehörig zu ihrer Familie und ihrem Volk und ist sich durchaus bewusst, dass ihr Leben in Gefahr ist:

»Ich gehe hier (in Amsterdam) durch die viel zu vielen Straßen, und Westerbork geht mit mir mit. Es ist merkwürdig, dass man in so kurzer Zeit so sehr mit einem Ort und dessen Einwohnern verwachsen kann. Ich komme gerne wieder zurück. Aber irgendwie fühle ich mich hingetrieben zu diesem kleinen Fleck mitten auf der Heide, wo so viel Menschenschicksal zusammengeschmissen ist.«

BRIEF AN DEN EMIGRANTEN KORMAN,
IN DEUTSCH [!], AMSTERDAM, 14.8.1942

Ihr geliebter Freund Julius Spier, in den Tagebüchern durchgängig S. genannt, erkrankt schwer an Lungenkrebs. Etty kann mit ihrem noch gültigen Ausweis Julius Spier in seinen letzten Tagen besuchen und Abschied nehmen. Er hat bereits den Deportationsbefehl erhalten, stirbt aber in seiner Amsterdamer Wohnung im September im Beisein von Etty und Freunden.

Der letzte erhaltene Tagebucheintrag von Etty Hillesum stammt vom 12. Oktober 1942. Sie schreibt von der weiten kargen Landschaft um das Lager herum und von der Weite ihrer Seelenlandschaft. Ihr letzter Eintrag lautet: *Man möchte ein Pflaster auf vielen Wunden sein.*

Am 7. Januar 1943 muss die Familie Hillesum aus ihrem großen Herrenhaus in Deventer umziehen in ein kleines Hinterzimmer in die Retiefstraat in einem ärmlichen Amsterdamer Viertel. Bei der großen Razzia am 20./21. Januar werden die Eltern Hillesum und Mischa verhaftet, um eine Woche später in das Lager Westerbork gebracht zu werden. Bei der Ankunft im Lager ist Vater Hillesum stark abgemagert, seine Geistesgegenwart aber ist ungebrochen. »Vater ist ziemlich hilflos«, schreibt Etty, »und sein kleiner Kragen in den letzten 24 Stunden viel zu weit geworden, seine grauen Bartstoppeln sehen erbarmenswert aus. Heute Morgen aber winkte er, als wir stundenlang im Regen warteten, mit seiner kleinen Bibel. Er hatte ein prima Wort bei Josua gefunden!«

Die Gesundheit des Vaters verschlechtert sich, es gelingt Etty, ihm einen Platz in der Krankenbaracke zu verschaffen. Ab und zu will er den Mut verlieren: »Ganz ruhig sagte er freundlich nebenbei: Eigentlich ginge ich gern möglichst schnell nach Polen, dann habe ich es umso schneller hinter mir, in drei Tagen habe ich es dann geschafft, es hat ja doch keinen Sinn mehr, diesen unwürdigen Zustand hier noch fortzusetzen. Und warum sollte es mir nicht widerfahren, was Tausenden anderen auch widerfährt.«

Aus den Monaten im Lager Westerbork sind keine weiteren Tagebucheinträge erhalten geblieben, wohl aber zahlreiche Briefe an Freunde: eine Fortschreibung, die in gleicher Intensität Ettys sensible Beobachtungsgabe und ihr Einfühlungsvermögen durchscheinen lassen.

Kurz vor der Deportation nach Auschwitz übergibt Etty die bisher geschriebenen Tagebuchhefte ihrer Freundin Maria Tuinzing mit der ausdrücklichen Bitte zur Weitergabe an den Schriftsteller Klaas Smelik und seine Tochter Johanna. Etty wollte, dass ihre Aufzeichnungen nach dem Krieg veröffentlicht werden, das war ihr ein persönliches Anliegen.

In der ersten Septemberwoche wird die Familie zum Transport aufgerufen. Ihr Bruder Mischa, der brillante Pianist, ist nicht bereit, die persönliche Zurückstellung als sogenannter »Kulturjude« ohne seine Familie zu nutzen. Interventionsversuche von Freunden misslingen, aus Den Haag kommt der unwiderrufliche Deportationsbefehl.

Am Dienstag, 7. September 1943, werden die Louis und Rebekka Hillesum mit Etty und Mischa nach Auschwitz deportiert. Freunde stehen an der Rampe, verabschieden sich und berichten in Briefen vom Abschied:

Fröhlich redend, lachend, ein liebes Wort für jeden, der ihr über den Weg lief, voll funkelnden Humors, vielleicht auch einer Spur wehmütigen Humors, aber ganz unsere Etty, wie ihr sie alle kennt. »Ich habe meine Tagebücher, meine kleine Bibel, meine russische Grammatik und Tolstoi bei mir« ... Da fährt der Zug an, ein schriller Pfiff, und die tausend »Transportfähigen« setzen sich in Bewegung. Noch ein Blick auf Mischa, der aus einem Spalt des Güterwaggons Nr. 1 winkt und dann bei Nr. 12 ein fröhliches »Taaag« von Etty, und fort sind sie.

BRIEF VON JOPIE VLEESCHOUWER, WESTERBORK, 7.9.1943

Den Listen des Roten Kreuzes und den Dokumentationsblättern in YadvaShem, Jerusalem, ist zu entnehmen, dass die Eltern Hillesum während des Transportes im plombierten Güterzug starben oder direkt bei der Ankunft in Auschwitz an der Rampe selektiert und in den Gaskammern getötet wurden. Die Dokumente des Roten Kreuzes verzeichnen den Tod von Etty Hillesum in Auschwitz am 30. November 1943. Der jüngere Bruder Mischa überlebte noch einige Monate in verschiedenen Konzentrationslagern.

Der ältere Bruder Jaap Hillesum überlebte die Konzentrationslager und machte sich nach seiner Befreiung auf den Heimweg, um nach Überlebenden seiner Familie zu suchen. Unterwegs starb er an schwerster Unterernährung und Entkräftung.

Das letzte Lebenszeichen ist eine Briefkarte an Christien van Nooten, irgendwo im Osten von Groningen von Etty geschrieben und aus dem Zug geworfen:

Christien, ik sla de Bijbel op op een willekkeurige plaats en vind dit: Heere is mijn hoog vetrek ...

Christien, ich schlage die Bibel an einer willkürlichen Stelle auf und finde: Der Herr ist meine starke Burg. Ich sitze mitten in einem überfüllten Güterwagen auf meinem Rucksack. Vater, Mutter und Mischa sitzen einige Waggons entfernt. Die Abfahrt kam doch noch recht unerwartet. Ein plötzlicher Befehl für uns aus Den Haag.

Singend haben wir dieses Lager verlassen, Vater und Mutter sind tapfer und ruhig. Mischa ebenfalls. Wir werden drei Tage auf der Reise sein. Dank für all Euer gutes Sorgen. Zurückbleibende Freunde werden noch nach Amsterdam schreiben. Vielleicht hörst Du etwas? Auch von meinem letzten langen Brief?

Auf Wiedersehen von uns vieren.

Etty

Das Lager Westerbork

Nach der Reichspogromnacht vom 9./10. November 1938 flohen Tausende jüdischer Männer, Frauen und Kinder aus Deutschland über die holländische Grenze. In erschrockener Hast kamen sie mit dem nötigsten Gepäck in Koffern an: zu viele Flüchtlinge, um bei Verwandten und Freunden unterzukommen.

Die niederländische Regierung beschloss die Einrichtung eines Flüchtlingslagers im Norden auf flachem Heideland in der Nähe von Assen, weit entfernt von größeren Städten mit Infrastruktur und Arbeitsmöglichkeiten. Die holländischen Juden mussten die Kosten von über einer Million Gulden für den Aufbau des Lagers Westerbork selbst aufbringen. Im Jahr 1939 kamen die ersten Flüchtlinge aus dem Deutschen Reich im Lager Westerbork an. Die Nähe zur deutschen Grenze machte den verfolgten Familien Angst. Weit entfernt waren die Zielländer der Emigration, das Verfahren für Bürgen und Visa war aufwendig und schwierig.

Sofort nach der Besetzung der Niederlande im Mai 1940 brachten die Deutschen auch Juden aus den Dörfern und Städten des Landes nach Westerbork und setzten in rascher Folge alle antijüdischen Erlasse durch. Für die Pläne der beschlossenen ›Entjudaisierung‹ der Niederlande wurde Westerbork als Durchgangslager eingerichtet. Das Lager musste in seiner Aufnahmekapazität vergrößert werden und wurde zur Schaltstelle für alle Transporte in die Vernichtungslager im Osten. Im Frühjahr 1942 übernahm die deutsche SS die Lagerleitung und Organisation. Unwiderruflich wurde die Vernichtungsmaschinerie in Gang gesetzt: Ab Juli 1942 fuhren jede Woche ein oder zwei Züge mit fast 1000 Menschen von der Rampe ab in Richtung Polen. Bis zum Jahr 1944 verließen 93 plombierte Züge das Lager – jüdische Männer, Frauen und Kinder, auch Säuglinge, Sinti- und Roma-Familien und Strafgefangene wurden in die Züge gedrängt: Fast niemand kehrte zurück.

Dienstag, 6. Juli 43. Weinende Frauen. Heute morgen sind Brüder oder Schwestern, Väter oder Mütter auf Transport gegangen. Die Männer sind überwältigt: Sie schlucken die Tränen hinunter. Der Zug kreischt. Die giftige Schlange fängt an, sich vorwärts zu bewegen. Ich selbst bin durch das Nadelöhr geschlüpft. Heute morgen um vier wurde mir gesagt, daß ich von der Liste gestrichen worden bin. Gratulationen von links und rechts, von meinen Nachbarn werden mir die Hände gedrückt. Innerlich empfinde ich Schmerz: Überall werden Männer aus den Betten gejagt, um sich für den finsteren Transport bereitzumachen. Die Glückwünsche sind gleichzeitig auch Peitschenhiebe in das Gesicht derer, die gehen müssen. (Philip Mechanicus)

Der deutsche Lagerkommandant Gemmeker und die dort stationierte SS-Einheit hatten größtes Interesse an ›reibungslosen Abläufen und effizienter Erfüllung‹ der Transportquoten. Darum überließen sie – ähnlich wie in den deutschen Konzentrationslagern – die interne Organisation den Lagerinsassen. In Westerbork spiegelte die SS in perfider Weise den

Inhaftierten eine ruhige geordnete Doppelwelt vor. Ernährung und Hygiene waren zunächst erträglich, da der Empfang von Paketen erlaubt war. Aus eigenem Engagement wurden in den Baracken eine Schule, Waisenhaus und ein sehr gut ausgestattetes Krankenhaus eingerichtet. Die SS-Leitung legte Wert auf ruhige Abläufe, förderte kulturelle Angebote und verhielt sich in der Öffentlichkeit korrekt. So täuschten sie in makabrer Höflichkeit und Ordnungswesen den Menschen im Lager irreale Hoffnungen vor. Denn die Lagerhäftlinge fragten sich untereinander: Wozu werden erschöpfte und betagte Menschen gesundgepflegt? Warum ließ der Lagerkommandant für ein Frühgeborenes eigens einen Brutkasten kommen? Sollten das nicht Zeichen sein, dass auch die ›Arbeitslager im Osten‹ nicht so furchtbar sein konnten, wie es die allmählich durchsickernden Gerüchte befürchten ließen?

Doch außer einzelnen entflohenen Häftlinge kehrte niemand aus dem Osten zurück, nicht aus Auschwitz und nicht aus Sobibor. Über Jahre herrschte im Lager eine Doppelwelt von Gemeinschaft, Fürsorge, Theater und Musik auf der einen Ebene und der permanent darunter liegenden Todesangst. ›Auf Transport gehen‹ wurde gefürchtet:

Die Unterhaltung der Kinder ist grauenhaft … Anne-Marie hörte auf der Heide eine Mutter zu ihrem Kind sagen: »Und wenn du jetzt nicht lieb deinen Pudding aufisst, musst du ohne Mami auf Transport.« (Brief von Etty Hillesum, 23.8.43)

Jeder für die lagerinternen Abläufe wichtige Arbeitsplatz, jeder kleine Betrieb bedeutete ›Unabkömmlichkeit‹, eine Zurückstellung von den Transportlisten und somit eine Schonfrist von Woche zu Woche. Kleinste Verzögerungen wurden zur scheinbaren Rettung, eine Einweisung ins Krankenhaus bedeutete Verlängerung der Überlebenszeit. Doch andere Namen mussten auf die Liste gesetzt werden, gnadenlos waren die Vorgaben der Abteilung IVB4 unter Adolf Eichmann in Berlin. Unnachgiebig verlangte die deutsche Lagerleitung die Erstellung der Transportlisten nach Vorgaben des NS-Regimes, die Listen umfassten fast 1000 Menschen. Im Jahr 1943 verließ jeden Dienstagvormittag ein Zug das Lager, der Aufruf zum Transport erreichte die Betroffenen meist zwei Tage, manchmal aber auch nur wenige Stunden zuvor. Erschütternde Beobachtungen von fieberhaftem Zusammenpacken, von Abschiedsschmerz oder von gleichgültig gewordener Hinnahme sind dokumentiert worden:

Freitag, 20. August. Im Lager herrscht nervöse Stimmung: kommenden Dienstag fährt wieder ein Transport ab. Dreihundert S-Männer und S-Frauen, vierhundert kranke Alte mit ihren Familien und alle Tuberkulosekranken. Insgesamt eintausendundzwanzig: Die Zwanzig sind offensichtlich der eingeplante Überschuss, der unterwegs zugrunde gehen wird. Grauenvoll, ekelerregend. (Philip Mechanicus)

In der Lagermitte verlief der Boulevard des Misères, die Straße des Elends. Dazwischen lagen die Schienen für die wöchentlich eingestellten Züge mit Viehwaggons, an dieser Rampe mussten sich im Verlauf der Monate über 100 000 Menschen zur Deportation aufstellen. Sie wurden in die Waggons gedrängt, die sofort geschlossen und plombiert wurden. Am 13. September 1943 verließ der letzte der 93 Transporte das Lager. In diesem Zug befanden sich auch 77 Kinder, die untergetaucht und dann doch aufgegriffen worden waren.

Am 12. April 1945 befreiten kanadische Truppen das Lager und fanden dort 876 Gefangene, die die Lagerhaft überlebt hatten und den Transporten entronnen waren.

An der Rampe am Rand des Lagergeländes steht ein Gedenkstein mit eingemeißelten Worten aus den Klageliedern des Jeremia. Kleine Steine liegen auf dieser Felsenplatte wie auf einem Grabstein. Menschen haben sie hingelegt als Zeichen des Gedenkens in nicht endender Trauer um die Toten:

Man jagte uns, dass wir auf unseren Gassen
nicht gehen konnten.
Da kam unser Ende; unsere Tage sind aus,
unser Ende ist gekommen.

KLAGELIEDER JEREMIAS 4, 18

Bibliografische Information der Deutschen Nationalbibliothek
Die Deutsche Nationalbibliothek verzeichnet diese Publikation in der Deutschen Nationalbibliografie. Detaillierte bibliografische Daten sind im Internet über http://dnb.d-nb.de abrufbar.

4. Auflage 2024

Umschlagfoto: Portrait von Etty Hillesum, 1937,
Fotograf: B. Meylink © Collection Jewish Historical Museum, Amsterdam
Übersetzung der Texte von Etty Hillesum: Barbara J. Riedel
Gestaltung: Catherine Avak
ISBN 978-3-89680-884-4

www.vier-tuerme-verlag.de